KB261652

김인식의
위대한 도전

김인식의
위대한 도전

초판 1쇄 인쇄 | 2009년 5월 15일
초판 1쇄 발행 | 2009년 5월 20일
지은이 | 임진국
펴낸이 | 조종현
펴낸곳 | 북오션

표지사진 | (주)아이뉴스이십사
내지사진 | (주)스포츠코리아
캐리커처 | 신경진

종 이 | 대한실업
출 력 | 푸른서울
인 쇄 | 정민문화
출판신고번호 | 제313-2007-000197호

주 소 | 서울시 마포구 서교동 468-2번지
이메일 | bookrose@naver.com
전 화 | (02)322-6709
팩 스 | (02)3143-3964

ISBN 978-89-93662-04-7 (13320)

김인식의 위대한 도전

임진국 지음

북오션

김인식의 휴먼 베이스볼

2009년 3월! 대한민국은 참 행복했다. 우리는 감격에 겨워 목이 터져라 "대~한~민~국!"을 외쳤다. 서로 얼싸안고 춤도 추었다. 실로 얼마 만에 맛본 감격이었던가! 대한민국은 야구라는 바이러스에 감염돼 함께 웃고 함께 울었다. 우리는 대표팀 선수들의 투지 넘치는 플레이에서 희망과 행복을 느꼈다. 포기하지 않는 선수들의 불굴의 정신력에서 도전정신도 배웠다. 경제 한파로 움츠렸던 가슴도 활짝 폈다. 지난 3월, 야구가 없었으면 우리의 삶이 얼마나 팍팍했을까?

이번 2회 WBC에서 한국 야구는 세계인의 편견을 깨트렸다. 일본과 메이저리그의 벽을 뛰어넘는 놀라운 실력으로 세계를 깜짝 놀라게 한 것이다. '사무라이 재팬'도 '메이저리그'도 승부근성으로 똘똘 뭉친 한국 야구 앞에서는 속수무책이었다. 최정상 9부 능선에서 아쉬운 눈물을 흘려야 했지만 한국 야구는 패자(敗者)가 아닌 패자(覇者)였다. 매너, 투지, 실력에서 '위대한 승리'를 거두었기 때문이다. 콧대 높은 메이저리그도 인정하지 않았는가. 진정한 승자는 한국이라고!

한국의 위대한 승리의 중심에는 노련한 승부사 '국민 감독' 김인식이 있었다. 그는 허점투성이의 대표팀을 정상으로 끌어올리는 지도력

을 발휘했다. 김 감독은 애국심과 명예를 내세워 선수들을 독려했고, 선수들도 자신들의 가치를 진심으로 알아주는 김 감독의 뚝심과 믿음의 리더십에 매료돼 악착같이 뛰고 달렸다.

그라운드의 마에스트로 김인식 감독이 아니었더라면 젊은 선수들을 데리고 WBC 준우승이라는 결과는 불가능했을 것이다. 그가 이번 대회에서 보여준 리더십은 대단했다. 리더가 갖춰야 할 겸손, 인내, 배려, 믿음, 매너, 판단력, 임기응변 등 모든 것을 보여줬다.

상대 팀 감독도 김 감독의 능력과 인간성에 찬사를 보냈다. 특히 라이벌 적장인 일본의 하라 감독은 대회 내내 김 감독에게 존경을 표시했다. 그는 "김인식 감독은 야구는 물론이고 그 이외의 면에서도 나보다 훨씬 경험이 많다. 모든 면에서 김인식 감독은 위대한 감독이다"라고 추켜세웠다.

김인식 감독의 '위대한 도전'은 아쉽게도 정상에서 딱 한걸음 모자랐지만 그 누구도 김 감독이 실패했다고 생각하지 않는다. 한국 야구는 김 감독이 일군 WBC 준우승을 자양분 삼아 끊임없이 진화할 것이기 때문이다.

　20년 가까이 기자생활을 한 필자가 김인식 감독과 인연을 맺은 지도 벌써 십 수 년이 훌쩍 넘었다. 보통 기자는 취재원들과는 '불가근불가원(不可近不可遠)' 원칙을 지킨다. 그런데 이 원칙도 김 감독 앞에서는 소용이 없었다. 같은 해병대 출신이라는 공통점도 있었지만 말로 표현할 수 없는 어떤 매력이 필자를 무장해제시킨 게 아닌가 생각한다. 아직도 그 매력이 무엇인지는 확실하게 모르겠다.

　필자는 이번에도 김 감독에게 다시 한 번 깊은 감명을 받았다. 4월 초 인터뷰를 하기 위해 김 감독을 만났다. 필자가 대전구장에 도착했을 때 김 감독은 언론과 몇 시간째 인터뷰를 하고 있었다. 불편한 몸으로 카메라를 따라 이리저리 왔다 갔다 하고 있었다. 날씨마저 쌀쌀해 김 감독의 건강이 걱정될 정도였다. 그래도 김 감독은 불평 한마디 하지 않았다. 정말 건강한 사람도 버티기 힘든 놀라운 인내력이었다.

　책이 나오기까지 도와주신 분들이 많다. 먼저 인터뷰 홍수에 시달리면서도 흔쾌히 자리를 마련해주고, 수시로 전화해서 격려해준 김인식 감독에게 고마움을 전한다. 그리고 머릿속에서만 존재하던 기억의

조각들을 끄집어내 준 한화구단 및 프로야구 관계자들에게도 감사의 인사를 전한다. 후배 기자들에게도 고마움을 전한다. 또한 졸고에도 불구하고 선뜻 출판을 결심해준 북오션 식구들에게도 마음의 빚을 졌다. 끝으로 지금까지 묵묵히 뒷바라지를 해준 아내 이영희와 두 아들 주헌과 성도에게 이 책을 바친다.

임진국

● 차례

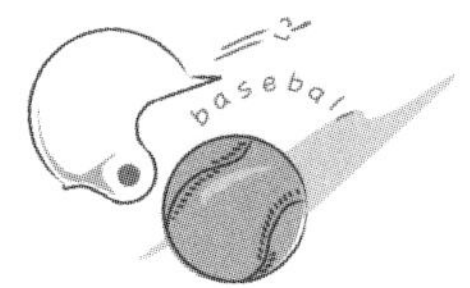

그라운드에서 태어난 인내의 리더십

김인식 감독은 WBC에서 대표팀을 우승으로 이끌지는 못했다. 그러나 세계적 경제위기로 시름하고 있는 국민들은 "김인식 감독이 살아갈 해법을 제시했다"며 그를 희망의 메신저로 추앙하고 있다. 정계, 재계, 관계에서도 '김인식 리더십 배우기' 열풍이 불고 있다. 우리나라 스포츠 역사상 준우승 감독을 이처럼 각광했던 적이 과연 몇 번이나 있었을까? 그런데도 이처럼 김인식 열풍이 일고 있는 이유가 궁금하다.

Part 1

81
KOREA

위대한 도전, 위대한 승리
– 뚝심으로 세계를 정복하다

김인식 감독의 '위대한 도전'은 이미 1라운드에서 시작되고 있었다. 정확히 말하면 2009년 3월 7일, 일본에 콜드게임 패(2 대 14)를 당하고 난 뒤였다. 그것도 1998년 방콕아시안게임 이후 A매치(프로선수 참가)에서 당한 첫 콜드게임 패였으니 그 충격이 오죽했을까? 표현하지는 않았지만 김 감독의 마음속에는 '위대한 도전'이란 문구가 깊이 새겨지고 있었다.

'숙명의 라이벌'인 일본에 지면 충격은 배가 되기 마련인데, 게다가 콜드게임이라면 두말할 나위도 없었다. 한순간에 선수단 분위기가 가라앉기 때문에 1라운드 통과도 장담할 수 없고, 설사 2라운드에 진출하더라도 파이팅을 기대하기는 힘들다. 단기전에서는 한번 기가 꺾이면 회복이 쉽지 않고, 특히 단체운동일 경우 무기력증이 선수들 모두에게 도미노처럼 번지게 된다.

사안이 사안인지라 김 감독은 경기 후 선수들과 대표팀 소집 후 첫 미팅을 가졌다. "1 대 0이든, 10 대 0이든 지는 건 마찬가지다. 다시 시작하자!" 특유의 담담한 표정으로 말했지만 김 감독은 당시 엄청난 스트레스를 받았다고 한다.

김 감독의 독려로 선수들은 9일 1라운드 순위결정전에서 심기일전했다. 특히 선발로 나선 봉중근의 활약이 빛났는데, 그는 투구내용뿐 아니라 상대의 심기를 건드리는 심리전에도 탁월한 솜씨를 보였다. 봉중근은 1회 말 톱타자 이치로에게 볼을 던지려다 말고 갑자기 타임을 불렀다. 주심에게 성큼성큼 걸어간 그는 "일본 관중들이 터트리는 카메라 불빛이 투구에 거슬린다"고 말했다. 물론 김인식 감독과 사전에 입을 맞춘 일이었다. 그는 미국 프로야구에서 활약하면서 익힌 유창한 영어로 필요할 때마다 선수단의 통역 역할을 해왔기 때문에 주심과 의사소통을 하는 데 전혀 어려움이 없었다.

타석에서 잔뜩 벼르고 있던 이치로는 갑작스러운 타임에 김이 빠져 타격 리듬을 잃고 말았다. 결국 이치로는 내야 땅볼로 아웃됐다. 기선제압에 성공한 봉중근은 5.1이닝 동안 3피안타 무실점으로 일본의 공격을 꽁꽁 묶어 1 대 0으로 승리하는 데 일등공신이 됐다.

사실 이 게임에서 한국은 쉽게 승리할 수도 있었다. 그러나 이겨야 한다는 의욕만 앞서 상대의 수비 능력을 간과한 선수들이 다섯 번이나 주루미스를 해 번번이 득점 찬스를 놓치면서 불안한 경기를 펼쳤다. 아마 김 감독의 정현욱, 류현진, 임창용으로 이어진 필승계투작전이 없었더라면 1 대 0으로 완봉승을 거두기는 힘들었을 것이다.

이날 경기에서는 김 감독의 뚝심이 빛났다. 1 대 0이라는 박빙의 리드라 언제 뒤집힐지 장담할 수 없는 시점에서 그는 선수들을 믿고 시종일관 강공으로 밀고 나갔다. 정말 대단한 뚝심이었고, 선수들에 대한 믿음이 없으면 도저히 불가능한 일이었다.

반면 일본 하라 감독의 작전을 한번 살펴보자. 일본은 0 대 1로 뒤진 8회 말 1사 1루의 동점 찬스를 잡았다. 다음 타자는 팀에서 타격감이 가장 좋은 선수 중 한 명인 나카지마였다. 그런데 하라 감독은 강공 대신 정석대로 희생번트를 지시했다. 주자를 2루에 보내면 3~4번 중심타선으로 연결시켜 동점을 만들 수 있으니 잘못된 작전은 아니었다. 그러나 강공으로 밀어붙였다면 타격감 좋은 나카지마가 대량 득점의 발판을 만들었을 가능성이 훨씬 높았다.

김 감독은 그 순간을 다음과 같이 회고했다.

"솔직히 나카지마가 번트 동작을 취할 땐 페이크인 줄 알았다. (버스터로) 방망이 나올까봐 걱정을 많이 했다. 그런데 그냥 번트를 대는 것이었다. 그때 나도 마찬가지였고, 더그아웃의 코치들도 '이젠 이겼구나' 라고 말들을 했다."

한국은 3월 7일 콜드게임 패를 당한 뒤 조 1위 자리를 놓고 일본과 설욕전을 펼쳤다. 선발 봉중근이 위기에서 일본 선수를 아웃시킨 후 환호성을 지르고 있다. 다음날 한 신문에는 '봉 의사, 일본을 침몰시키다' 란 기사가 1면을 장식했다.

이 대목에서 김 감독과 하라 감독의 성격 차이가 확연히 드러난다. 김 감독은 선수를 믿고 뚝심으로 밀고 나간 반면, 하라 감독은 돌다리도 두드리는 안전 위주의 작전을 펼쳤다. 과연 누가 선수들에게 더 신뢰를 받는 지도자일까?

김 감독은 두 차례의 일본전을 치르는 동안 상당한 부담감과 스트레스를 받았다. 일본에서 미국 애리조나주 피닉스로 이동한 뒤에는 감기 몸살에 걸려 고생을 했는데, 이 모든 게 일본전을 끝낸 후 긴장이 풀려서 생긴 병이란다.

아무리 급박한 상황에서도 담담하게 말하는 김 감독이다. 그래서 그의 말만 들으면 얼마나 스트레스가 심했는지 짐작하기가 힘들다. 줄곧 그를 보좌한 김성한 수석코치는 당시 상황에 대해 이렇게 말했다.

"일본전에 대한 부담이 너무 컸다. 첫 경기에서 2 대 14로 콜드게임 당한 뒤 감독님이 엄청난 스트레스에 시달렸다. 창피해서 어디에 말도 못하셨고……."

김 감독은 두 번째 일본전에서 1 대 0으로 이긴 뒤 눈물마저 글썽였다고 한다. 김 감독이 후배 앞에서 눈물이라니, 상상도 할 수 없는 일이었다. 또 승리의 축하 악수를 청한 애제자 김성한 수석코치에게 "너는 수석이라는 애가 달랑 악수만 하고 마냐"며 농담을 건네 주변 사람들을 웃게 만들었다. 일본과의 대결에서 그만큼 마음고생을 많이 했다는 증거다.

한국과 일본은 1991년 한일 슈퍼게임 이후 프로 간 교류를 꾸준히 가졌는데, 이후에 이루어진 세 차례의 슈퍼게임에서 우리는 일본에 일방적으로 밀렸다. 그러나 2000년 시드니올림픽에서 일본을 연거푸 두 차례나 제압한 뒤부터는 상황이 달라졌다. 이어서 2006년 1회 WBC를 치르고, 2008년 베이징올림픽에서 금메달을 따내면서 팬들뿐만 아니라 대폭적으로 세대 교체된 젊은 선수들도 일본을 '해볼 만한 상대'라고 생각하기 시작했다. 일본도 이번 대회를 앞두고 한국을 공식적으로 '라이벌'이라고 규정하는 등 경계심을 늦추지 않았다. 하라 감독은 "도전한다는 자세로 나서겠다"고까지 말해 화제가 되기도 했다.

일본이 지나치게 겸손을 떨어서 그렇지 객관적으로 볼 때 한국과 일본 선수들의 수준 차는 상당하다. 이번 일본 대표팀은 이치로, 마쓰자카 등 메이저리거만 5명이었고, 특히 다르빗슈 오가사라와는 일본의 최정상급 선수로 손꼽힌다. 이번 참가국 중 공격, 수비, 주루가 가장 안정된 팀으로 평가받은 일본은 한국 대표 수준의 팀을 3~4개 정도 꾸릴 수 있을 정도로 선수층이 두텁다. 아직 한국은 일본에 비해 10년 정도 뒤떨어졌다는 분석도 있다.

불가능을 향한 위대한 도전

1라운드에서 일본을 극복한 김 감독은 미국으로 옮겨 치른 2라운드에서 거침없는 상승세를 탔다. 첫 번째 희생양은 멕시코였다. 김 감독은 멕시코의 파워를 우려했다. 멕시코는 1라운드에서 마운드는 형편없었지만 12개의 홈런을 때렸을 정도로 가공할 만한 장타력을 자랑하는 팀이었다. 김 감독은 힘으로는 승산이 없다는 판단을 내렸다. 대신 기동력을 앞세워 상대를 뒤흔든 후, 제구력을 앞세운 변화구로 승부를 걸었다. 결국 홈런을 3방이나 날리는 등 활발한 공격력과 계투작전이 잘 맞아떨어져 8 대 2로 손쉽게 승리할 수 있었다.

샌디에이고의 홈구장인 펫코파크에서 한국이 홈런을 펑펑 쏘아 올리자 외신들은 경악을 금치 못했다. 2004년 개장한 펫코파크는 메이저리그에서도 투수에게 유리한 대표적인 구장이다. 평균 110미터 이상 되는 펜스 길이, 넓은 외야, 외야에서 내야로 부는 바람 등의 조건 때문에 타자에게는 그야말로 최악의 구장이다. 한 미국 스포츠 전문지가 메이저리그 타자들을 상대로 한 설문조사에서는 타자들에게 가장 불리한 구장 1위로 뽑히기도 했다.

한국이 일본과의 2라운드 순위결정전에서 택한 준결승 파트너는 베네수엘라였다. 김 감독은 경기 전에 LA다저스타디움에서 가진 인터뷰에서 "우리는 위대한 도전을 할 것이다"라고 선언하면서 마침내 마음속에 아껴두었던 말을 꺼내고 승리의 의지를 불태웠다.

베네수엘라는 이번 대회 출전국 중 최강팀이었다. 총 28명의 선수 중 메이저리거만 22명이었다. 멜빈 모라(이하 메이저리그 통산 홈런 156개), 미켈 카브레라(175개), 메글리오 오도네스(268개), 라몬 에르난데스(137개) 등은 빅리그에서도 명성이 자자한 타자들이다. 아무리 단기전의 변수를 감안한다 해도 한국과 베네수엘라의 경기는 다윗과 골리앗의 싸움 그 자체였다.

그런데 이게 웬일인가? 선수들 모두가 김 감독의 위대한 도전에

감전된 탓이었을까? 한국은 1회부터 추신수의 3점 홈런 등으로 5점을 선취하면서 베네수엘라의 혼을 쏙 빼놓았다. 김태균도 2점포를 쏘아대며 빅리거들 앞에서 보란 듯이 무력시위를 했다. 선발인 윤석민은 체인지업, 슬라이더, 낙차 큰 커브 등 다양한 변화구로 덩치들의 약을 올렸다. 고등학생 같은 곱상한 외모의 어린 투수에게 속절없이 당하자 베네수엘라 선수들은 평상심을 잃고 말았다. 그들은 큰 것 한방으로 분위기 반전을 노렸지만 윤석민의 변화구에 속절없이 헛방망이만 돌려댈 뿐이었다. 다혈질인 그들이 평상심을 잃자 상대하기가 식은 죽 먹기처럼 쉬워졌다.

김 감독은 6회에 큰 점수차로 앞서자 '필승 카드'인 류현진, 정현욱, 정대현, 임창용 등의 선수를 연달아 올리는 필승계투작전을 펼쳤고, 경기 내내 무표정한 얼굴을 한 채 한 박자 빠르게 투수를 교체하면서 베네수엘라 벤치의 심기를 불편하게 만들었다. 마침내 한국은 10 대 2로 베네수엘라를 꺾고 대망의 결승에 진출했다.

그때부터 한국 야구를 보는 시각이 달라졌다. 외신들이 더 난리였다. 1회 대회에서 4강에 진출했을 때만 해도 "단지 운이 좋았을 뿐"이라고 한국 야구를 폄훼했던 그들이었다. 그러나 강호인 멕시코와 베네수엘라를 맞이하여 연달아 홈런으로 물리치자 "한국의 위대한 도전은 위대한 승리를 낳았다"며 한국 야구를 다른 시각에서 보기 시작했다. 다른 나라의 야구를 칭찬하는 데 인색하기로 소문난 메이

저리그 전문가들마저 "한국 야구는 진정한 빅볼"이라며 한국팀의
실력을 높이 평가했다.

승리의 여신은 일본에게 갔으나…

2009년 3월 24일 LA다저스타디움에서 결승전이 열렸다. 상대는
숙명의 라이벌인 일본이었다. 김인식 감독은 "위대한 도전을 유종의
미로 장식하고 싶다"고 말하며 선수들의 투지를 다시 한 번 부추겼
다. 일본과는 이번 대회에서만 5번째 맞대결이었고, 앞서 치른 4번
의 대결에서는 2승 2패로 승부를 가리지 못한 상태였다.

경기 전부터 "우승하자"고 외쳤던 국내 팬들의 응원에도 불구하
고, 한국은 초반부터 경기가 잘 풀리지 않았다. 추신수가 5회에 가운
데 담장을 넘기는 큼직한 솔로 홈런으로 동점 만들기에 성공했지만,
그 후로는 주루미스와 후속타 불발의 불운이 겹치면서 8회 초까지
일본에 1 대 3으로 끌려갔다. 결국 모두가 담담하게 패배를 받아들
이는 분위기였지만, 한국의 젊은 선수들은 마지막까지 승리의 여신
을 붙들고 있었다. 8회 말에 이대호가 희생플라이로 추가점을 올렸
고, 2 대 3으로 뒤진 9회 말 2사 1, 2루에서는 이범호가 천금의 좌전
안타를 때려 승부를 원점으로 돌림으로써 다시 희망이 보이기 시작
했다.

그러나 끝내 승리의 여신은 한국을 외면했다. 연장 10회 초 2사 2, 3루에서 마무리 임창용(야쿠르트)이 이치로와 정면대결을 벌이다 결승 2타점 중전 적시타를 얻어맞았다. 그때까지 담담하게 경기를 지켜보던 노장 김인식 감독도 허탈한 표정을 감추지 못했다. 결국 WBC 2회 우승컵은 1회에 이어 일본이 가져갔다.

김 감독의 위대한 도전은 마지막 마침표를 찍지 못했다. 그러나 김 감독이 유종의 미를 거두지 못했다고 생각하는 사람은 아무도 없다. 메이저리그도 일본 야구도 넘어설 수 있는 기량과 뚝심을 보여 줬기 때문이다. 그래서 김 감독의 위대한 도전은 여전히 진행형이다.

희망 전도사
– 불가능은 없다

김인식 감독은 WBC에서 대표팀을 우승으로 이끌지는 못했다. 그러나 세계적 경제위기로 시름하고 있는 국민들은 "김인식 감독이 살아갈 해법을 제시했다"며 그를 희망의 메신저로 추앙하고 있다. 정계, 재계, 관계에서도 '김인식 리더십 배우기' 열풍이 불고 있다. 우리나라 스포츠 역사상 준우승 감독을 이처럼 각광했던 적이 과연 몇 번이나 있었을까? 그런데도 이처럼 김인식 열풍이 일고 있는 이유가 궁금하다.

그 답은 이명박 대통령이 WBC 대회 직후 김인식 감독과 선수들을 청와대로 초청하여 함께 오찬을 즐기면서 한 말 속에 있다. 그 자리에서 이 대통령은 "여러분들의 투혼을 불사른 멋진 플레이가 전대미문의 경제위기를 겪고 있는 우리 국민에게 기쁨과 희망을 줬다"면서 "힘을 합치면 어떤 난관도 헤쳐나갈 수 있는 우리 민족의 저력을 다시 한 번 확인했다"고 격려했다.

WBC를 향한 험난한 여정의 시작

제2회 WBC에 출전하는 대표팀 꾸리기는 출발부터 분위기가 좋지 않았다. 감독 선임, 코칭스태프와 선수단 구성 등에서 연이어 악재가 터져 나왔다. 마치 글로벌 경제위기로 총체적 난국에 빠진 한국의 경제와 상황이 비슷했다. 대표팀 사령탑 문제는 우여곡절 끝에 김인식 감독이 최종 수락함으로써 일단락됐다. 그는 뇌경색의 후유증으로 몸이 온전치 않았지만 끝내 대표팀의 감독 자리를 거절하지 못했다. 결국 그는 자신보다 몸이 멀쩡한 감독들도 힘들어 손사래를 쳤던 자리에 거침없이 몸을 던졌다.

사실 국가대표 야구팀의 감독 자리는 그리 매력적이지 않다. 우선 축구대표팀 감독과 다르게 전담이 아니다. 대회가 열릴 때마다 현역 프로야구 감독 중에 한 명이 대표팀 감독으로 추대되고, 선수단도 바삐 꾸려진다. 특히 감독은 한국야구위원회(KBO)의 추천에 따라 명망이 있는 고참 감독이 맡는 게 관례다. 하지만 이번 WBC 감독 자리는 가시방석이나 마찬가지였다. 우선 다수의 메이저리거가 출전하는 명실상부한 국가대항전이라는 게 커다란 부담이었다. 한국

은 베이징올림픽에서 프로선수로 구성된 일본과 아마 최강 쿠바를 누르고 금메달을 따냈다. 하지만 올림픽은 현역 메이저리거들이 출전하지 않는 대회다. 사정이야 어떻든 올림픽에서 우승을 했으니 WBC에 거는 국민들의 기대치는 높을 수밖에 없었다. 더군다나 WBC는 전지훈련에 이어 일본과 미국을 오가는 빡빡한 일정으로 짜여 있기 때문에 거의 두 달을 극심한 스트레스와 싸워야 한다. 웬만큼 건강한 사람도 힘들어하는 살인적인 스케줄이었다.

시기적으로도 좋지 않았다. WBC가 열리는 3월은 팀의 한해 농사인 페넌트레이스를 준비하기 위해 전력을 정비해야 하는 중요한 때이기 때문에 감독이 빠지면 팀 전력에 심각한 차질이 생길 수도 있다. WBC에서 성적이 좋더라도 팀 성적이 나쁘면 재계약에 불이익이 생길 각오도 해야 했다. 그야말로 국가대표 야구 사령탑은 '상처뿐인 영광'의 자리였다. 혹여 WBC에서 성적이 좋지 않기라도 하면 여론의 온갖 비난까지 감수해야만 한다. 그런데도 김 감독은 "누군가는 해야 할 거 아니냐"면서 흔쾌히 그 자리를 맡았다.

◀ 하와이 리저널 파크에서 치러진 첫 전지훈련 때의 모습이다. 밝게 웃고 있는 김인식 감독의 얼굴에서 상처뿐인 영광의 자리에 기꺼이 오른 자의 위대함이 묻어난다.

코칭스태프 구성에서 선수 선발의 고지까지

WBC 대표팀을 꾸리는 데에는 코칭스태프를 구성하는 것부터 순탄하게 이루어지지 않았다. 당초 김 감독은 현역 감독을 축으로 하는 코칭스태프를 원했기 때문에 선동열 삼성 감독(투수), 김재박 현대 감독(타격), 조범현 SK 감독(배터리)을 코치 명단에 포함시켰다. 그러자 해당 구단들에서 손사래를 쳤다. 선수단 관리를 명목으로 자기 팀 감독은 안 된다고 아우성을 쳤고, 이에 눈치를 보고 있던 해당 감독들도 묵시적으로 구단의 방침에 동의했다. '울고 싶은데 때려준 격'이라고 할까? 구단도, 감독도 대표팀보다는 자신의 이익이 우선이었다.

하지만 김 감독은 누구도 비난하지 않았다. 대신 해태(기아) 감독을 지낸 김성한을 수석코치로 내정하는 등 차선책을 세웠다. 김 수석코치는 해태 시절 김 감독의 애제자로, 눈빛만 봐도 김 감독의 의중을 알 수 있을 정도로 그와는 호흡이 잘 맞았다. 나머지 코치들은 양상문(투수), 이순철(타격), 류중일(주루), 김민호(수비), 강성우(배터리)로 채웠다.

코칭스태프를 꾸리고 나니 이번에는 선수 선발에 적잖은 어려움이 닥쳤다. 지금까지 대표팀의 아이콘으로 활약했던 이승엽(요미우리)과 박찬호(필라델피아)가 개인과 팀 사정을 이유로 대표팀에서 사퇴를 한 것이다. 이승엽은 1회 WBC에서 팀 홈런 6개 중 5개, 팀의 26타점 가운데 10점을 기록했을 정도로 활약을 한 터라 대표팀 타선에서 차지하는 비중이 절대적이었다. 전성기가 지났다는 평가를 받고 있기는 하지만 박찬호 역시 노련한 피칭으로 마운드의 한 축을 담당하는 능력이 있다. 그는 자존심 강한 메이저리거 출신이지만 후배 선수들에게는 아주 따뜻한 선배다. 이들은 단순히 투타의 간판이 아니라 한국팀의 정신적인 지주였다.

그뿐만이 아니었다. 간판 김동주도 빠졌고, 우완 선발감으로 낙점했던 백차승은 국적문제로 대표팀 합류에 제동이 걸렸다. WBC는 국적에 대해 비교적 관대한 편이기 때문에 부모의 출신국 대표팀 유니폼을 입고 출전하는 것을 허용한다. 그런데도 여론은 미국으로 귀화한 백차승이 한국팀 대표로 뛰는 것을 달가워하지 않았다. 대표팀 내야의 핵인 국민 유격수 박진만은 하와이 전지훈련까지 소화했으나 오른쪽 어깨부상이 완쾌되지 않아 결국 팀에서 제외됐다. 김병현은 여권을 분실하여 대표팀에서 탈락하는 해프닝을 일으키기도 했다.

대표팀에 합류한 선수라고 해서 아예 문제가 없는 것은 아니었다. 외야수 추신수의 경우 팔꿈치가 온전치 않았기 때문에 1라운드에서는 지명타자로밖에 뛸 수 없는 반쪽짜리 선수였다. 추신수가 소속되어 있는 클리블랜드 구단 관계자들이 그의 부상이 재발될까봐 도끼 눈을 뜨고 감시하면서 출전을 통제했기 때문이었다.

신뢰의 리더십으로 불가능을 뛰어넘다

김 감독은 경험을 중요시하는 지도자다. 그는 실력이 비슷하면 큰 대회에서 뛰어본 선수가 경기의 실마리를 제공할 가능성이 크다고 확신한다. 실제로 그런 믿음은 대부분 좋은 결과를 낳았다. 2006년 1회 WBC에서 김 감독은 전성기가 지났다는 평가를 받고 있던 이종범과 구대성을 과감하게 기용해 4강 신화를 일궈냈다. 또 당시 메이저리그에서 밀려날 위기에 놓여 있던 박찬호를 불러들여 선발은 물론 마무리 선수로 활용함으로써 마운드의 숨통을 터주는 능력을 보여주었다.

김 감독은 "올림픽과 WBC는 또 다르다. 현역 메이저리거를 상대하는 일은 생각처럼 쉽지 않다. 경험이 부족한 젊은 선수들은 주눅이 들게 되어 있다"고 자주 말하곤 했다. 선수들의 경험을 얼마나 중요시하는지 알 수 있는 대목이다.

그러나 여러 악조건으로 인해 김 감독은 경험 많은 선수를 기용할 수가 없었다. 이런 여건하에서도 어떻게든 선수단을 구성해야 했다. 이가 없으면 잇몸으로 버텨야 했다. 베테랑들이 줄줄이 빠졌으니 젊은 선수들로 팀을 꾸릴 수밖에 없었다. 이승엽, 김동주의 빈

자리는 김태균(한화), 이대호(롯데), 추신수로 메웠고, 유격수 박진만의 자리는 박기혁(롯데)이 대신했다. 백차승(샌디에이고)과 김병현이 빠져 중량감이 떨어진 마운드에는 메이저리그 경험자인 봉중근(LG)과 정현욱(삼성) 등의 중간투수들을 대거 등용했다. 그야말로 차포 떼고 장기 두는 격이요, 주연 배우 없이 블록버스터 영화를 찍는 형국이었다.

그러나 김 감독은 결단력 있는 선택과 집중을 바탕으로, 조직원이 뭉치는 '한국식 야구'를 선보이며 대표팀을 준우승으로 이끌었다. 냉정한 현실 인식과 치밀한 분석을 통해 팀을 아우르고 통합과 신뢰를 바탕으로 팀을 이끈 그의 리더십이 없었다면 불가능한 일이었다.

김 감독은 적은 투자로 큰 효과를 낼 수 있는, 즉 '저비용 고효율의 전략'을 세계에 선보였다. 잘 알려진 바와 같이 이번 WBC 4강에 오른 팀 중 한국 선수들의 몸값이 가장 적다.

한국 선수들의 연봉 총액은 76억 7,000만원가량이다. 이 중 최고액의 연봉을 받는 해외파 선수는 연봉 5,500만엔(약 7억 9,000만원)을 받는 임창용이다. 이어 추신수는 40만달러(약 5억 6,000만원)로 추정되는 금액을 받고 있다. 국내파는 손민한(롯데)이 7억원으로 가장 많고, 이승호(SK)가 8,100만원으로 가장 적다. 선수당 평균 2억 7,000만원의 연봉을 받고 있는 셈이다.

반면 일본팀 연봉 총액은 91억엔(약 1,315억원)으로 한국보다 약

17배가 높다. 일본 대표팀 선수들은 개인당 평균 약 47억원의 연봉을 받고 있다. 일본의 대표적인 선수 이치로(시애틀)의 연봉은 1,700만달러(약 238억원), 일본이 자랑하는 '괴물 투수' 마쓰자카의 연봉은 865만달러(약 120억원)가 넘는다. 그는 2006년에 보스턴 레드삭스와 6년 동안 5,200만달러(약 739억원)에 계약했다. 일본 프로야구 소속 중에는 한신의 마무리 투수 후지카와가 4억엔(약 58억원)으로 가장 많은 몸값을 자랑한다.

베네수엘라는 이번 WBC에서 가장 강한 팀이자 가장 '비싼' 팀이었다. 엔트리 28명 중 18명이 현역 메이저리거로 구성되어 있다. 한국과의 준결승에 나선 선발 10명의 총연봉은 무려 8,130만달러(약 1,138억원)에 달하고, 그들 중 100억원 이상의 몸값을 자랑하는 선수가 7명이나 된다. 최고 연봉을 받고 있는 바비 아브레이유(LA 다저스)의 몸값은 1,600만달러다. 준결승 선발 실바(116억원)는 윤석민(1억 8,000만원)보다 무려 64배나 많은 연봉을 받고 있다. 하지만 윤석민은 100억원대 몸값이 즐비한 초호화 타선을 확실히 잠재웠다.

미국 대표팀도 한국과는 비교 대상이 되지 않을 정도로 몸값이 비싸다. 주장 데릭 지터(뉴욕 양키즈) 한 명의 연봉이 2,160만달러(약 300억원)다. 300억원이면 잘나가는 한국 프로야구 1개 구단의 일 년 치 예산과 맞먹는다. 그런데도 지터는 이번 대회에서 홈런은 하나도 날리지 못하고 타율만 2할 7푼 6리를 기록했다.

　한국이 베네수엘라를 물리치자 외신들은 일제히 "김인식 감독이 헝그리 정신으로 한국 대표팀을 WBC 결승으로 이끌었다. 그는 한국산 저비용 고효율 야구의 우수성을 세계에 알리는 촉매제 역할을 했다"면서 칭찬을 해댔다.

4천 개의 고교 야구팀이 있는 일본보다 50여 개의 고교 야구팀이 있는 한국이 좋은 이유를 찾는다면? 그들은 언제든 가족처럼, 친구처럼 똘똘 뭉칠 수 있는 힘을 가지고 있다는 것이다.

한국의 '저비용 고효율'이 가능했던 데는 여러 가지 이유가 있다. 먼저 시기적으로 한국에 유리했다. 보통 메이저리거들은 4월 시즌 오픈에 맞춰 컨디션을 조절한다. 그러니 3월에는 정상 컨디션을 발휘할 수 없다.

다음은 단기전에 익숙한 한국 선수들의 기량 때문이다. 한국 선수들은 프로 입단 전까지 거의 모든 경기를 단기전으로 치른다. 따라서 한국 선수들은 물론 코칭스태프도 단기전에서 뛰어난 노하우를 발휘하고 있다.

팀워크 면에서도 다른 나라보다 우리가 유리했다. 한국은 고등학교 야구팀이 50여 개에 불과하지만 그만큼 선수들이 경기장에서 자주 만나고, 청소년 대표팀 등에서 한솥밥을 먹는 경우도 많다. 대부분 친한 선후배들이니 급하게 대표팀을 꾸려도 단단하게 뭉칠 수 있는 저력이 있다.

또한 경기에 임하는 정신 자세도 다른 나라 선수들을 앞선다. 한국 선수들은 병역 특혜 등 어떤 특혜도 없는 가운데 국가를 대표한다는 사명감으로 '코리아'라는 구호 아래 몸을 아끼지 않고 열심히 뛰었다. 반면 메이저리거들은 다치면 한 시즌을 접어야 한다는 개인적인 욕심을 앞세워 몸을 사렸으니 제대로 된 플레이를 할 리가 없었다.

'구슬도 꿰어야 보배'라고 했다. 이처럼 아무리 유리한 조건들이 있었다지만 김인식 감독의 리더십이 아니었다면 그와 같은 괄목할 만한 성과를 내지는 못했을 것이다. 이번 WBC에서 선수단을 뒷바라지 했던 KBO 관계자들은 "이번 대표팀은 젊은 선수들을 중심으로 구성하는 바람에 구심점이 없어 팀워크가 예전만 못했다. 김인식 감독이 아니었다면 개성 강한 젊은 선수들을 하나로 묶기 힘들었을 것이다"라고 말하면서 김 감독의 공로를 높이 평가했다.

좌절은 성공의 자양분
- 조기은퇴, 뇌경색 극복 과정

김인식 감독은 야구 인생에 있어 출발이 순탄한 편이었다. 동네 골목 야구에서 걸출한 실력을 자랑했던 그는 1961년 배문중학교 2학년에 재학할 당시 꿈에도 그리던 야구유니폼을 입게 되었다. 강한 어깨를 가진 그는 기본기 또한 탄탄했던 터라 실력도 일취월장했다. 중학교를 졸업할 때에는 대한체육회에서 선정하는 '전국 중학 연식야구 올해의 선수'에 뽑히기도 했다. 야구를 시작한 지 1년 남짓 만에 또래 가운데 최고의 선수가 된 것이다(당시에는 중학교까지는 연식야구를 했다).

동료들은 김 감독이 중학교 시절에 영리하고 볼이 무척이나 빠른 투수였다고 말한다. 그리고 불의를 보면 참지 못하는 성격이어서 야구선수들을 괴롭히던 학교 주변 불량배들을 제압하는 데 늘 앞장섰다고 한다. 이 같은 동료들의 말을 전하자 김 감독은 "내가 주먹이 좀 세긴 했지"라며 웃었다.

배문고에서 에이스로 활약하던 김 감독은 졸업과 동시에 야구선수들이 동경하던 한일은행(팀명은 크라운 맥주)에 입단했다. 당시 한일은행은 초호화 멤버로 구성되어 있었다. 한국 최고의 타자 김응룡과 재일교포인 무적의 투수 김영덕, 신용균이 마운드를 이끄는 최고의 팀이었다.

고등학교를 갓 졸업한 김 감독은 기라성 같은 선배들 속에서도 주눅 들지 않고 씩씩하게 볼을 던졌다. 빠른 볼, 안정된 제구력, 뛰어난 볼 배합으로 데뷔 첫해인 1965년에 9승 2패로 신인왕이라는 타이틀까지 거머쥐었다. 1967년 동경에서 열린 제7회 아시아 야구선수권대회 때에는 국가대표팀에 선발되기도 했다.

그러나 기쁨도 잠시였다. 선배에게 등 떠밀려 자주 등판한 것이 화근이 되어 생명과도 같은 어깨에 이상 신호가 온 것이다.

어깨에 온 불운의 그림자를 드리운 채 그는 1967년 동경에서 열린 제7회 아시아 야구선수권대회에서 현역시절 처음이자 마지막으로 태극마크를 달았다. 그러나 쟁쟁한 선배들에 가려 제대로 출전을 못해 주로 배팅볼을 던져야 했고, 한동안 괜찮았던 어깨에 다시 심한 통증이 오기 시작했다. 이후 해병대 야구단에 입대하면서 그의 어깨는 돌이킬 수 없는 상태가 되고 말았다. 해병대 특유의 조직문화 속에서는 아프다고 하면 바로 응징이 가해지기 때문에 아픔을 참고 악으로 깡으로 볼을 던졌다.

김 감독은 해병대 제대 후 재활 의지를 불태웠다. 어깨를 치료하기 위해 침을 맞으러 다녔고 좋다는 민간요법도 모두 써봤지만, 하늘은 끝내 그의 노력을 외면했다. 그렇지만 김 감독은 이에 굴하지 않았다. 오히려 그는 과거의 경험을 바탕으로 현재 재활에 힘쓰는 선수들에게 많은 도움을 주고 있다. "요즘 같으면 쉽게 고칠 수 있었지. 워낙 재활에 무지했던 시절이라 도리가 없었어. 그래도 그때 경험으로 재활이 필요한 선수들을 돕고 있으니 다행이지"라고 말하는 그의 얼굴에서 역경을 딛고 일어선 대인의 미소가 번진다.

김 감독의 한 많은 야구 인생은 우리 나이로 27세였던 1973년에도 계속된다. 모교인 배문고의 감독을 맡았지만 성적부진으로 4년 만에 그 자리를 내놓아야만 했다. 김 감독은 해고된 뒤 단짝인 코미디언 배일집이 출연하던 업소에서 '나는 어떡하라고'를 들으며 부둥켜안고 함께 울었다. 모교에서 해고된 것은 떠돌이 생활의 신호탄이었다. 상문고(1978~1980년), 배문고(1981년), 동국대(1982~1985년) 등을 전전하면서 지도자의 역량을 쌓은 그는 학부모, 학교 관계자들과 부대끼면서 인생 공부를 많이 했다고 한다.

그러던 중 1986년에 한일은행(당시 해태 타이거즈) 감독이던 선배 김응룡(현재 삼성라이온즈 사장)의 부름을 받았다. 김응룡은 김 감독의 능력을 높이 평가하여 그에게 수석코치라는 중책을 맡겼는데, 그동안 아마에서 갈고 닦았던 김 감독의 지도력이 바로 거기에서 돋보이기 시작했다.

그 후 1990년에는 창단 구단인 쌍방울 초대 감독에 올랐지만, 신생 구단을 이끌기가 생각만큼 호락호락하지 않았다. 쌍방울은 첫해 2군 리그를 거쳐 다음해인 1991년에 1군 경기에 데뷔하여 OB를 제치고 7위를 차지하는 파란을 일으켰다. 그러나 전주의 열악한 구장 시설, 모 그룹의 부실한 지원 등이 복합적으로 작용해 팀 성적은 바닥권에서 좀처럼 헤어나지 못했다. 결국 쌍방울은 1992년 시즌 꼴찌로 추락하는 수모를 겪어야만 했다. 그러나 김 감독의 지도력에 높은 점수를 준 쌍방울 구단은 그에게 팀을 다시 맡기기로 결론 내렸다. 당시 박기순 사장이 직접 재계약 방침을 통보했지만 그는 성적 부진을 이유로 끝내 감독직을 고사했다. 야인으로 돌아간 뒤에는 고려대 투수 인스트럭터와 스포츠 신문 해설위원을 하면서 권토중래했다.

야인에서 다시 감독으로

1994년 말이 되자 김 감독은 야인생활을 접은 뒤 OB 유니폼을 입고 현장에 복귀했다. OB를 맡은 첫해인 1995년 김 감독은 전년도

7위였던 팀을 한국시리즈에서 우승시킴으로써 야구 인생에 전환기를 맞이했다. 그때부터 프로야구계는 김인식의 지도력을 달리 보기 시작했다. 2001년에는 두산(1999년 OB에서 팀 명칭 변경)을 정상에 세워 그는 명실상부 한국 프로야구에서 명장의 반열에 이름을 올렸다.

김 감독의 명성이 자자하자 2003년에는 프로야구단 최초로 감독 출신의 부사장이 될 뻔하기도 했다. 김응룡 감독이 2004년 시즌을 마치고 삼성 사장으로 전격 추대되는 등 요즘에는 이런 일이 별다른 뉴스도 아니지만, 당시만 해도 파격 그 자체였다. 사연은 이렇다. 당시 박용오 두산 구단주 겸 KBO 총재는 팀을 두 번씩이나 우승시킨 공로로 김 감독에게 전폭적인 신뢰를 보냈다. 그러던 중 2001년 어느 날, 박 총재는 김 감독에게 "(선)동열이 좀 키우지……"라고 말했다. 이에 김 감독도 흔쾌히 "좋습니다"라고 대답했다. 김 감독은 박 총재가 주니치 연수를 마치고 KBO 홍보위원으로 허송세월을 보내는 선동열이 안타까워 그런 말을 했을 것이라고 짐작했다. 그 후에도 박 총재가 지나가는 말로 선동열을 언급하기도 했지만 구단에서 별다른 이야기가 없었다.

선동열은 한국 야구가 낳은 최고의 선수로, 그를 마다할 배짱 좋은 구단은 없었다. 김인식 감독은 구단의 요청만 있으면 곧바로 그를 영입하여, 코치 수업을 시킨 뒤 감독으로 키워볼 작정이었다.

그러다 2003년 시즌 마지막 경기인 대전 한화전을 마친 후에 경

그는 2001년 두산을 정상에 올려놓은 뒤 대한민국 최고의 명장이 되었다. 그 후 WBC에서 보여준 그의 강인한 뚝심은 세계 야구인들의 이목을 집중시키고 있다. 사진은 김인식 감독이 팬에게 사인을 해주는 장면이다.

창호 두산 사장이 급히 그를 찾는다는 전갈이 왔다. 대화는 경 사장의 승용차 안에서 이루어졌다.

"감독님을 부사장으로 승진시키고, 선동열을 감독으로 추대하기로 했습니다. 감독님이 좀 도와 주십시오. 대답을 기다리겠습니다."

경 사장의 뜻밖의 제안에 김 감독은 며칠을 고민했다. 부사장으로 옮기는 것은 괜찮았지만 자기 밑에 있던 코치들을 생각하니 도저히 구단의 제의를 받아들일 수가 없었다. 선동열이 감독이 되면 자기가 영입한 코치들이 옷을 벗는 것은 시간문제였기 때문이다. 결국 그는 경 사장의 제의를 거절할 수밖에 없었고 그것에 대해서는 지금도 후회하지 않는다고 한다.

병마와 싸워 이긴 인간 승리의 표본

김 감독 인생 최대의 시련은 2004년에 찾아왔다. 두산을 그만두고 일 년을 쉰 뒤 한화 감독으로 복귀한 직후 급작스럽게 뇌경색에 걸린 것이다. 김 감독은 당시를 다음과 같이 회고했다.

"2004년 12월 4일이었다. 송파구 집에서 아침에 눈을 떴다. 그런데 이상했다. 오른쪽 팔다리가 말을 듣지 않았다. 난생 처음 공포란 걸 느꼈다. 전날 청주에서 치른 마정길의 결혼식부터 몸이 이상하긴 했지만 평소에 건강에는 자신 있어 괜찮겠지 싶었다. 집사람(안명혁)을 불러 즉시 분당제생병원으로 향했다. 왼쪽 혈관이 막혔다는 뇌경색 진단을 받았다. 도대체 몸이 말을 듣지 않았다. 손가락도 제대로 움직이지 않았다. 사표를 써야겠다고 생각했지만, 이렇게 야구를 그만둬야 하나 생각하니 너무나 억울했다. 감독 계약을 한 지 얼마 되지도 않았는데……. 많은 사람들이 병원을 찾아와 격려를 해줬지만 밤이면 혼자서 눈물을 삼키기 일쑤였다.”

당시 필자도 김 감독에게 병문안을 간 적이 있는데 당시로써는 도저히 복귀가 불가능해 보였다. 재활훈련을 마치고 휠체어를 타고 온 김 감독의 모습이 안쓰러워 눈물을 흘리기도 했다. 건강하던 사람이 순식간에 그렇게 될 것이라고는 상상도 못했다. 오히려 김 감독이 "괜찮을 거야"라며 필자를 위로하던 생각이 난다.

그러나 하늘도 김 감독의 천부적인 능력이 아까웠던 모양이다. 그는 재활에 매달린 지 한 달 만에 병상에서 일어나는 기적을 보여주었다. 그리고 다음해인 2005년 1월 15일에 한화의 첫 팀 훈련에 참가했다. 회복이 불가능할 것이라는 모두의 예상을 깨고 오뚝이처럼 재기한 것이었다. 의사들도 깜짝 놀랐다. 분당제생병원 개원 이래 두 번째로 빠른 회복이었다고 한다.

김 감독은 재활에만 매달리지 않았다. 독실한 크리스천인 부인과 지인의 권유로 신앙을 갖기로 하고 치료중에 여의도순복음교회 조용기 목사로부터 안수기도를 받았다. 사실 김 감독은 쓰러지기 6개월 전에 교회에 처음 나갔지만 장남인 형님이 미국으로 이민을 간 후 형 대신 부모님 제사를 모셔야 했기 때문에 교회를 다니지는 않았다.

하늘의 도움으로 팀 훈련에 합류하기는 했지만 김 감독의 상태가

2004년 김인식 감독은 한화 감독을 맡은 직후 뇌경색으로 쓰러졌다. 사람들은 다시는 그를 더 그아웃에서 볼 수 없을지도 모른다고 생각했다. 하지만 그는 보란 듯이 일어섰고, 태극마크를 달고 여전히 우리 곁에 서 있다.

정상은 아니었기 때문에 모두들 한해 내내 스트레스에 시달려야 하는 프로야구 감독직을 감당하지 못할 것이라고 예상했다. 한화 구단에서도 김 감독의 진퇴를 놓고 적잖은 고민을 했다. 김 감독 본인은 괜찮다고 말했지만 잘못하면 평생 돌이킬 수 없는 일이 생길지도 모르기 때문이었다.

결국 한화 구단은 김 감독의 거취문제를 김승연 그룹 회장에게 보고했는데, 보고를 받은 김 회장은 의외로 김 감독을 믿어주었다. 그리고 김 감독은 2004년 7위였던 팀을 포스트시즌에 진출(4위)시킴으로써 자신의 저력을 다시 한 번 보여주었다.

사실 김 감독은 뇌경색으로 쓰러지기 전까지 폭탄주 20잔도 거뜬히 소화해내는 두주불사였다. 1983년에는 동국대를 대학춘계리그에서 우승시켜 팀 창단 37년 만에 정상에 올린 적이 있었는데, 우승 축하연에서 80명과 대작해서 무려 150잔을 받아 마신 적도 있었다. 담배도 하루에 두 갑 이상을 피웠다. 그러나 요즘은 꼭 필요한 자리에서만 맥주 1~2잔을 마실 뿐이고, 담배는 아예 입에도 대지 않는다.

오른발을 들면 발가락이 저절로 말릴 정도로 김 감독의 몸은 지금도 정상이 아니다. 그런 불편한 다리로 감독의 역할을 수행하면서 동시에 재활에도 열심이다. 홈경기 때는 대전 오류동 숙소에서 야구장까지 40분 거리를 걷고, 조대권 한화 트레이너의 도움을 받아 재활훈련도 꼬박고박 하고 있다. 원정경기 때도 될 수 있는 한 재활훈련을 하려고 애쓴다.

뿐만 아니라 요즘 김 감독은 건강 전도사 역할도 하고 있다. 세상사에 관한 이야기를 많이 하던 과거와는 달리 요즘에는 건강을 주 화제로 다룬다. 김 감독이 추천하는 건강식품은 식초에 담근 검은 콩이다. 열흘 정도 식초에 담근 검은 콩을 우유와 함께 믹서에 갈아 마시면 만병통치약이 따로 없다고 한다. 심장과 뇌에 그렇게 좋을 수가 없단다. 김 감독의 추천으로 김성근 SK 감독과 선동열 삼성 감독은 검은 콩 요법의 신봉자가 되었다.

김 감독에게 빠른 회복의 비결을 물으면 "몸에 좋은 것은 하고, 좋지 않은 것은 안 하니까"라고 쉽게 대답한다. 하지만 뇌경색은 그리 간단한 병이 아니다. 장애(마비)를 동반하기 때문에 환자는 우리가 상상하는 것 이상의 충격을 받는다고 한다. 그래서 뇌경색에 걸린 사람은 재활과정에서 정신적으로 피폐해져 중도에 포기를 하는 경우가 대부분이다. 그런 병에 의연하게 대처한 김 감독이 문득 초인(超人)으로 보인다면 너무 과장된 말일까? 김 감독에게 잘 어울리는 옛 성현의 말이 한 자락 떠오른다.

하늘이 그 사람에게 큰일을 내리려면, 반드시 먼저 그의 심기를 괴롭게 한다. 뼈와 힘줄을 힘들게 하며, 육체를 굶주리게 하고, 아무것도 없게 하여 그가 행하고자 하는 바와 어긋나게 한다. 마음을 격동시켜 성질을 참게 함으로써 그가 할 수 없었던 일을 더 많이 할 수 있게 하기 위함이다.

– 맹자(孟子)

실패하고 또 실패하라
– 400번 지면 조금 보여!

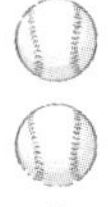

실패를 거치지 않고 정상에 오르는 사람도 있다. 남이 닦아놓은 기반을 토대로 손쉽게 최고가 되는 사람도 있다. 우리는 이런 부류들에게 그다지 감동을 느끼지 못한다. 그러나 실패와 시련을 딛고 정상에 오른 사람에게는 한없는 존경심을 보내고 성공이라는 인생 훈장도 함께 달아준다.

김 감독은 그야말로 실패와 좌절로 점철된 인생을 살았다. 한창때인 26세에 그는 어깨부상으로 유니폼을 벗는 좌절을 맛봐야만 했다. 이듬해에 지도자로 데뷔했지만 그에게는 실패와 좌절의 연속이었다. 때론 성적이라는 굴레 때문에, 때론 보이지 않는 세력에 의해 수많은 좌절을 경험해야만 했다. 인간의 영혼을 파괴한다는 뇌경색에도 걸렸다. 그러나 그는 좌절과 실패를 성공삼아 마침내 정상의 자리에 우뚝 섰다.

김 감독은 실패에 관대한 감독이다. 큰 경기에 패해도 절대 선수들을 나무라지 않는다. 승리보다는 패배에서 더 많은 교훈과 힘을 얻을 수 있다고 생각하기 때문이다.

져도 좋다! 괜찮다!

2009년 WBC 1라운드에서 한국은 일본에 콜드게임 패를 당했다. 이럴 경우 보통 감독들은 어떻게 할까? 우선 선수들의 잘잘못을 꾸짖은 뒤 파이팅을 하자며 선수들을 독려할 것이다. 물론 앞뒤 순서가 바뀔 수도 있다. 그래도 선수들의 다친 마음을 온전히 어루만지지는 못할 것이다. 선수들의 마음속에는 격려보다 꾸중이 오래 남기 때문이다.

그러나 김 감독은 경기에서 패한 후 미팅에서 선수들에게 단 한마디의 쓴소리도 하지 않았다. 그의 첫 마디는 "괜찮다"였다. 그러고 나서 "스코어와 상관없이 지는 것은 지는 것이다. 다음 경기는 이기자"고 말했다. 대표팀 출범 후 첫 미팅이라 잔뜩 긴장하고 있던 선수들은 감독이 예상 밖의 말을 꺼내자 놀랄 수밖에 없었다. 이는 채찍을 드는 대신 선수들 스스로 분석하고 다음 경기에 대비하도록 독려하기 위한 김 감독의 처사였다. 평소에 패배를 겸허하게 받아들이는 자세로 임하는 그였기 때문에 가능한 일이었다.

그날 김 감독에게 깊은 감명을 받은 선수 가운데 한 명이 윤석민 선수였다. 윤석민은 준결승인 베네수엘라전 선발로 출전하기 전날 포수 박경완과 함께 김 감독으로부터 호출을 받았다. 김 감독은 볼배합을 어떻게 하라는 등 힘 좋은 타자들을 상대하는 요령을 가르쳐 주었다. 그리고 져도 좋으니 주눅 들지 말고 자신 있게 던지라고 주문했다. 그리하여 윤석민은 시속 150킬로미터에 달하는 강속구와 체인지업, 낙차 큰 커브, 슬라이더로 베네수엘라의 강타선을 잠재웠다. 그는 6.1이닝 동안 7피안타(홈런 1개 포함), 1볼넷, 2실점으로 결승 진출의 일등공신이 됐다. 베네수엘라의 루이스 소호 감독은 경기 후 "그는 경기를 지배했다. 슬라이더를 자유자재로 던졌고 체인지업도 최고였다. 타자를 압도했다. 무엇이 그를 그렇게 대단한 투수로 만들었는지 모르겠다"라고 말하면서 윤석민을 칭찬했다. 윤석민을 그렇게 만든 그 무엇은 바로 김인식 감독이었다.

김 감독은 소속팀 선수들에게 항상 "져도 좋다"고 말한다. 당장의 승리보다는 패배를 통해 더 많이 배우고 느껴 좋은 선수로 성장하기를 바라는 마음이 배어 나오는 말이다.

1999년이었다. 당시 김 감독은 두산의 사령탑이었다. 두산은 플레이오프에서 한화에 4연패를 당했다. 경기 후 김 감독은 라커룸에 선수들을 모아놓고 경기에 대해 꼼꼼히 분석을 했다. 다혈질 감독이라면 발로 라커룸 문을 걷어찰 수도 있는 상황이다. 그러나 그는 아주 차분한 목소리로 "너는 수비가 좋았어. 너는 이런 부분이 아쉬웠어"라며 선수들 하나하나를 다독였다. 그리고 마지막으로 "오늘 진 것을 약으로 삼아라"라는 교훈을 던졌다. 선수들이 패배를 통해 한 단계 더 성숙할 수 있는 기회를 준 것이었다.

그 후 두산 선수들은 장족의 발전을 했다. 이듬해인 2000년 드림리그에서 2위를 차지했으며, 1998년 이후 3년 연속 포스트시즌에 진출했다. 1999년과 2000년은 드림과 매직 양대 리그로 페넌트레이스를 펼쳤다. 그리고 두산은 마침내 2001년 대망의 한국시리즈에서 우승을 차지했다.

김인식 감독은 두산(OB 시절 포함)에서 9년 동안 재임(1995~2003년)하면서 팀을 5차례(한국시리즈 우승 2번 포함)나 포스트시즌에 진출시키는 지도력을 보였다. 이는 실패를 두려워하지 말고 정면 돌파하라는 신념을 끊임없이 선수들에게 주입시켰기 때문이 아닐까?

자신의 잘못을 인정할 줄 아는 대인

프로야구 감독들은 경기 후 꼭 복기를 한다. 주로 이긴 경기보다는 진 경기 분석에 집중적으로 매달린다. 몇 시간씩 숙소에 틀어박혀 뼈저린 반성의 시간을 보내는 감독도 있다. 특히 실수한 대목을 메모해놓고 틈날 때마다 들여다보면서 머리에 새겨둔다. 똑같은 실수를 되풀이하지 않기 위해서다.

이 부분에 있어서는 김인식 감독도 다른 감독들과 별반 차이가 없다. 그런데 조금 다른 부분이 하나 있다. 그것은 자신의 잘못을 공개적으로 시인한다는 점이다. 그는 선수단 미팅 때 "몇 회 무슨 작전은 내가 실수한 것이다. 투수교체 타이밍이 늦었다. 선수들은 잘못 없다"고 말한다. 기자들에게도 마찬가지다. 자신의 실수를 절대로 변명하지 않는다.

프로야구 감독은 선수들에게 절대적인 권위를 행사한다. 자신의 손가락 하나에 모든 선수들이 일사분란하게 움직인다. 마음만 먹으면 스타선수를 평범한 선수로 만들어버리는 것도 어려운 일이 아니다. 간단하게 말해서 감독은 선수의 생살여탈권을 쥐고 있다고 보면 된다. 이런 감독들은 대개 자존심도 대단하기 때문에 좀처럼 자신의 잘못을 인정하지 않는다. 인정하면 지도자로서의 권위가 무너져 팀을 통솔하기가 힘들어진다는 고정관념에 사로잡혀 있기 때문이다. 물론 프로야구 감독들이 다 그렇다는 말은 아니다.

그런데 왜 김 감독은 공개적으로 자신의 실수를 인정할까? 여기에는 두 가지 노림수가 숨어 있다.

첫 번째는 자신과의 약속을 지키겠다는 각오 때문이다. 인간의 마음속에는 어느 정도의 위선이 자리하고 있기 때문에 자신과의 약속을 쉽게 파기할 수 있다. 누가 자신의 머릿속을 들여다보는 것도 아니기 때문이다. 하지만 그 약속을 공개적으로 발표하면 나중에 발뺌을 할 수가 없다. 즉, 자신과의 약속을 지키면서 실수를 성공의 디딤돌로 만들 수 있게 된다.

두 번째는 선수들의 신뢰를 덤으로 얻겠다는 것이다. 프로야구 고참 선수들은 야구에 해박하다. 따라서 어떤 부분에서 감독이 실수를 했는지 단번에 알아차린다. 단지 말을 못하고 있을 뿐이지, 자기들끼리 모이면 수군대기 일쑤다. 이렇게 되면 팀 분위기가 순식간에 무너지고 감독은 선수들에게 신뢰를 잃게 된다. 팀워크가 흐트러지면 성적은 곤두박질치고 마지막에는 감독이 옷을 벗기에 이른다. 그런데 감독이 공개적으로 실수를 인정하면 뒷이야기를 할 일이 없기 때문에 자연히 팀 분위기가 좋아진다.

실패한 선수들의 가능성을 발견하는 재활도우미

김 감독이 '재활의 신'이나 '재활 공장장'으로 불리는 이유는 그의 굴곡 많은 삶과 깊은 관계가 있다. 한일은행 시절 어깨를 다친 김 감독은 회복을 위해 안 해본 것이 없을 정도다. 한방, 양방, 민간요법까지 다 해봤지만, 결국 재활에 실패해 젊은 나이에 은퇴를 한 뼈아픈 기억이 있는 야구인이다. 그때 김 감독은 재활에 대한 많은 노

그는 선수들에게 늘 "져도 좋다"고 말한다. 대신 선수들에게 지고 난 뒤 해야 할 일에 대해 꼼꼼하게 조언해준다. 뒤로 밀려난 선수들의 가능성을 재발견하고 성장시키는 그에게 '재활의 신'이란 호칭은 100번 붙여도 아깝지 않은 이름이다.

하우를 터득했고, OB(현 두산)와 한화의 사령탑을 거치면서 많은 선수들이 재활에 성공할 수 있도록 도와주었다. 그리하여 한물갔다는 평가를 듣는 선수들도 적극적으로 영입하여 재기하도록 발판을 만들어주었다.

그가 만든 최고의 작품은 조성민이다. 그의 인생 여정은 김 감독과 많이 닮아 있다. 신일고와 고려대를 거친 조성민은 또래 투수들

가운데 톱클래스에 속했다. 인물도 훤칠한데다 야구 실력도 뛰어나 사람들의 인기를 한몸에 받았다.

조성민은 국내 프로야구를 거치지 않고 곧바로 일본 프로야구 명문인 요미우리 자이언츠에 입단했다. 일본에서도 그의 인기는 하늘을 찔렀다. 입단 전인데도 일본 스포츠 신문 1면에 자주 등장했다. 한류스타의 원조였던 셈이다.

조성민은 요미우리의 마무리 투수로 활약했다. 그러나 네 번의 수술을 거치면서 몸이 거의 망가진 그는 결국 요미우리에서 퇴단하고 한국으로 돌아온다. 여기에 톱스타와의 이혼으로 방황을 하던 그는 한국 프로야구에 문을 두드렸으나 결과는 참담했다. 두 번이나 드래프트를 신청했지만 국내팀들은 그를 냉정하게 외면했다. 조성민은 결국 야구선수에 대한 마음을 접고 케이블 TV에서 야구해설가로 새 인생을 시작했다.

김인식 감독은 2005년에 이런 조성민을 불러 다시 유니폼을 입혔다. 김 감독의 결단에 감동한 조성민은 재기에 의욕을 불태웠고, 팀의 중간계투 요원으로 빼어난 활약을 펼쳤다. 김 감독은 "나이가 젊었기 때문에 팔만 아프지 않으면 성공할 수 있다고 생각했다. 일본에서도 좋은 기량을 보인 선수라 가능성을 믿었다. '썩어도 준치' 라는 심정으로 그를 받았다"고 당시를 회상했다.

그 외에도 지연규, 김인철, 조원우 등을 받아들여 약체로 평가받았던 한화를 포스트시즌에 진출시켰다. 어깨 부상으로 두 번이나 은퇴했던 지연규는 김 감독의 도움으로 화려하게 부활해 마운드를 든든하게 지켰다. 20세이브를 기록하며 팀의 마무리 투수 역할을 멋지게 해낸 것이다. 기아에서 버림받았던 김인철도 4월 한 달 동안 깜짝 활약하여 팀의 초반 상승세를 올리는 데 기름을 부었다. 그는 두산 시절에도 조계현, 심재학 등 사람들에게 잊혀진 선수들을 영입해 팀의 중심 선수로 키워낸 바 있다.

내 야구는 아직 미완성이다

김 감독은 쌍방울과 두산 사령탑에서 물러나 야인으로 지내는 동안에도 시련은 있었지만 배운 게 많았다고 한다. 3년이라는 시간을 인스트럭터와 해설위원으로 지내면서 야구에 대한 새로운 눈을 갖게 되었으며, 어떤 상황에서도 냉정하게 판단할 수 있는 능력을 길렀기 때문에 야구의 폭이 한층 깊어졌다.

"프로감독은 최소한 400패 이상은 해야 어느 정도 자기 색깔을 낼 수 있다."

김인식 감독이 자주하는 말이다. 패배를 통해 그만큼 배우는 게 많다는 말이다. 2008년까지 김 감독은 938승 948패 42무를 기록했다. 2009년 6월 7일에는 통산 4번째 900승 감독이 되었고, 한국시

리즈에서 2번이나 정상에 올랐으며, WBC에서 한국 대표팀을 4강
과 준우승으로 이끈 그는 명실상부 한국 최고의 명감독임에 틀림없
다. 하지만 김 감독은 아직 자신의 야구를 미완성이라고 말한다. 하
면 할수록 어렵고, 아직도 배울 게 많다고 한다. 패배와 좌절을 통해
'김인식표 야구'를 완성하겠다는 의지다.

기다림의 미학
– 지도자는 인내를 안고 산다

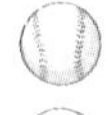

요즘은 무엇이든 빠르다. 피자 배달도, 치킨 배달도 빠르다. 열차도 시속 300킬로미터로 달린다. 심지어 직장에서의 정년도 빠르다. 20~30대에 조기 퇴직하는 직장인들도 수두룩하다. 현대를 살아가는 한국인들은 빠름을 생명으로 여긴다. 빠르지 않으면 경쟁에서 밀려난다는 생각으로 꽉 차 있다. 그러다 보니 마음에 여유가 없어 모든 걸 쉽게 결정하고 그만큼 쉽게 포기한다. 자연히 한국 특유의 은근과 끈기의 미학에서 멀어지고 있다.

물론 빨리빨리 문화에는 긍정적인 측면도 있다. 한국이 인터넷 최강국이 된 데에도 빠른 것을 선호하는 문화 때문이었다. 한국인의 빨리빨리 습관과 근면성이 있었기에 세계 시장에서 중요한 역할을 하는 부자 나라로 성장할 수 있었던 것이다.

그러나 빠르다고 다 좋은 것은 아니다. 인간관계에서는 빠름보다 느림이 미덕이다. 아무리 새롭게 만난 사람이 좋다한들 십 년 지기만 못하고, 남녀 간의 사랑도 기다림에서 완성된다는 말도 있지 않은가! 특히 인재를 양성하는 사람, 즉 지도자에게는 기다림이 필수불가결한 요소다. 판단이 너무 빠르면 일을 그르치는 경우가 많다. 이와 같은 이치로 빨리빨리만 신봉하는 지도자는 실력 있는 인재가 아닌 눈치 빠른 인재만을 만들어낸다. 사람을 기르는 스포츠 지도자에게 가장 필요한 덕목 역시 기다림이다. 참고 또 참아야 한다. 섣부른 판단은 팀과 선수 개인을 헤어날 수 없는 구렁텅이로 빠트릴 수 있다.

김인식 감독은 프로야구계의 대표적인 '만만디'다. 말이나 행동이 다른 감독들보다 한 박자 느리다. 말수도 적고, 밥 먹는 속도도 느리다. 말이 느린데다 전라도 사투리를 곧잘 구사하기 때문에 김 감독을 처음 만나는 사람들은 충청도나 전라도 출신일 것이라 짐작하지만, 그는 토박이 서울 출신이다.

사실 프로야구계의 오리지널 '만만디'는 강병철 전 롯데 감독이다. 이 별명은 유독 성격이 느긋한 강 감독에게 동료들이 붙여준 것이다. 강 감독은 김 감독과는 한일은행 입단 동기로 막역한 사이인데, 두 사람을 잘 아는 프로야구 관계자들은 모든 면을 종합해볼 때, 김 감독이 더 '만만디'에 가깝다고 평가한다.

예전에는 감독들이 머리를 식히기 위해 가끔씩 고스톱을 치기도 했다. 같이 노름을 해보면 그 사람의 성격을 잘 알 수 있는데, 김 감독의 '만만디' 기질은 노름에서도 여지없이 드러난다. 그는 판에 먹을 패가 깔려 있어도 일단 돌린다. 판을 주시하다가 상대가 '고!'를 외치면 막판 뒤집기에 들어간다. 한마디로 참았다가 크게 먹는 스타일이다. 순위를 가리긴 힘들지만 야구판에는 타짜 수준의 감독들이 꽤 있는데, 김 감독도 타짜 계열 감독으로 화투든 카드든 어떤 판에서도 높은 승률을 자랑하는 고수 중의 고수다.

인내의 리더 뒤에는 승리의 선수가 있다

야구에서도 김 감독의 '만만디' 성격은 확연히 드러난다. 그는 결정적 찬스가 올 때까지 그냥 밀고 나간다. 그리고 승부처다 싶으면 올인하는 작전을 즐겨 쓴다. 그래서 그는 깊이가 있는 지도자라는 평을 듣는다. 선수의 기량보다는 인성을 중요시하고, 선수의 현재 능력보다는 장래성에 초점을 맞춘다. 인내가 값진 열매를 가져다준다는 사실을 자신의 인생을 통해 직접 깨우쳤기 때문이다.

많은 사례가 있지만 김 감독의 인내심을 자양분으로 삼아 대선수가 된 선수들이 수두룩하다. 김기태가 대표적이라고 할 수 있는데, 그는 인하대를 졸업하고 1991년에 신생팀 쌍방울에 입단했다. 당시 사령탑이던 김인식 감독은 루키 김기태를 4번 타자에 기용했다. 이 일로 김기태 자신도 놀랐고, 언론도 떠들썩했다. 여간한 배짱이 아니고서야 경험 없는 신인에게 4번 타자란 중책을 맡길 수는 없기 때문이다.

김기태는 개막 한 달이 지나도 좀처럼 방망이 감을 잡지 못했다. 타율은 턱걸이로 겨우 2할이었다. 4번 타자의 역할은 팀 성적에 중대한 영향을 미치기 때문에 웬만한 감독이라면 인내심에 바닥을 보일 시점이었지만 김 감독은 도무지 요지부동이었다. 오히려 미안해하는 김기태에게 "괜찮아! 이제 겨우 한 달이야"라며 용기를 북돋아 주었다. 이후 타격감을 찾은 김기태는 마침내 27홈런으로 좌타자 홈런기록을 갈아치웠고, 이승엽이 나타나기 전까지 한국 최고의 좌타자로 군림했다.

2005년 SK에서 은퇴한 김기태는 현재 요미우리 2군에서 타격코치를 맡고 있다. 한국인으로서 일본에서 코치를 한다는 것은 말처럼 쉬운 게 아니다. 이는 그만큼 실력과 지도력을 인정받아야만 가능한 일이다. 김기태는 "김인식 감독님이 아니었다면 지금의 나는 없다. 지금도 감독님이 내게 가르쳐준 인내가 외국에서 지도자 생활을 하는 데 큰 보탬이 된다"고 말했다.

두산의 용병 타이론 우즈도 김 감독이 아니었다면 코리안 드림을 이루지 못했을 것이다. 1998년 OB(두산 전신)에 입단한 미국 마이너리그 출신의 우즈는 그해 6월까지 2할대 중반의 타율로 장타력을 선보이지 못했다. 김 감독은 꾹 참고 꾸준히 그를 기용했다. 그 결과 우즈의 방망이는 8월부터 경기장의 하늘을 훨훨 날아다녔다. 9월에는 타율 3할 4푼에 홈런 10개를 몰아치는 괴력을 선보이면서 우즈는 그해 한국 프로야구의 역사를 다시 썼다. 42개 홈런으로 장종훈의 한 시즌 최다 홈런 신기록(41개)을 갱신했으며, 외국인으로서는 처음으로 페넌트레이스 MVP에 선정되는 영광도 누렸다. 이후 우즈는 '흑곰'이란 애칭으로 두산 팬들의 사랑을 받다가 2003년 시즌에 일본의 프로야구 요코하마로 이적했다.

김 감독은 뚝심과 인내로 정상급 투수들도 많이 길러냈다. 김 감독은 쌍방울 시절 고졸 신인 김원형을 특급 투수로 키워냈다. 김원형은 1991년 쌍방울이 시즌 첫 승리를 올린 뒤 연패의 늪에 빠지자 부담감을 이기지 못하고 2군으로 보내달라고 애원했다. 그러나 김 감독은 대꾸도 하지 않은 채 그를 계속 선발로 기용했다. 오기가 생긴 김원형은 마침내 대형사고(?)를 쳤다. 천하무적이던 해태 선동열을 상대로 완투승을 거둬 극적으로 9연패에서 탈출한 것이다. 그 후 김원형은 '어린왕자'란 별명을 얻었고, 쌍방울의 에이스로 자리를 잡았다.

박명환도 비슷한 케이스였다. 1996년 고졸로 두산에 입단한 박명환은 초반에는 잘나가는 듯했지만 체력이 떨어지면서 7월부터

사람들은 김인식을 가리켜 인내심의 리더라고 부른다. 그것은 선수와 팀에 대한 깊은 신뢰가 밑바탕에 깔려 있어야 가능한 이름이다. WBC 1라운드 일본전에서 일본 킬러 김광현이 제구력 난조로 흔들려 많은 점수를 빼앗긴 상황에서도 그는 꿈쩍도 하지 않았다.

내리 9연패의 늪에 빠졌다. 김 감독은 그래도 선발 로테이션에서 빼지 않고 마운드에 박명환을 투입했다. 그의 인내심은 적중했다. 박명환은 두산의 기둥 투수로 성장하여 FA대박을 터트린 후 LG로 이적했다.

이번 WBC에서 준우승을 차지한 것도 김 감독의 인내심이 일궈낸 결과물이다. 한국이 콜드게임 패를 당했던 2009년 3월 7일 1라운드 일본전으로 돌아가보자. 믿었던 일본 킬러인 에이스 김광현은 제구력 난조로 초반부터 난타를 당했다. 1회에만 3점을 주며 휘청거렸고, 2회에도 정신을 차리지 못하고 다시 3점을 허용했다. 그러나 김인식 감독은 꿈쩍도 하지 않았다. 그리고 무라타에게 3점짜리 홈런을 내주자 그때서야 마운드에서 김광현을 내렸다.

2회에 김광현을 교체했더라면 콜드게임의 수모는 면할 수 있었다. 일본전이라는 특수성에도 불구하고 김 감독은 다음 상대인 중국을 생각하면서 참고 있었다. 만약 그때 그가 인내하지 않았다면 한국은 마운드 운영이 꼬여 향후 경기에 큰 차질을 빚었을 것이다.

울지 않는다면 울 때까지 기다리겠다

2009년 WBC에서 김 감독의 인내에 가장 잘 부응한 선수가 이용규(기아)다. 3월 22일 베네수엘라와의 준결승에 톱타자로 나선 이용규는 베네수엘라 선발 카를로스 실바와 2-3까지 볼카운트 실랑이를 했다. 6구째는 바깥쪽으로 약간 빠지는 직구였다. 그는 치지 않았다. 볼넷으로 1루로 걸어나간 이용규는 빠른 발로 상대를 괴롭혔고 이런 그를 의식한 베네수엘라 우익수 아브레이유는 2번 정근우의 평범한 타구를 놓치는 어이없는 실수를 했다.

아브레이유는 메이저리그 골드글러브 출신의 특급 선수다. 가뜩이나 볼넷에 심기가 불편하던 실바는 아브레이유의 실책으로 평정심을 잃었고, 이를 기회로 추신수가 3점짜리 홈런을 날리며 초반에

승세를 굳혔다. 아마 이용규의 기다림이 없었다면 십중팔구 어려운 경기를 했을 것이다.

상대의 의중을 꿰뚫는 현란한 작전으로 SK의 한국시리즈 2연패를 이끈 김성근 감독도 김 감독의 인내심에는 혀를 내두른다. '야구의 신(神)'으로 불릴 정도로 해박한 야구지식으로 정평이 나 있는 김성근 감독은 "분명히 작전을 낼 타이밍에 그냥 지나간다. 그래서 김인식이 어렵다"고 말한 바 있다.

일본 에도시대의 시가에 다음과 같은 구절이 있다.

울지 않으면 죽여버리겠다. 두견새야. (오다 노부나가)
울지 않으면 울게 만들어주겠다. 두견새야. (도요토미 히데요시)
울지 않는다면 울 때까지 기다리겠다. 두견새야. (도쿠가와 이에야스)

이 시에서 노부나가는 급하고 잔인한 성격으로, 히데요시는 자신의 능력을 과신하는 인물로 그려져 있다. 반면 이에야스는 인내와 끈기가 있는 인물로 묘사되어 있다. 이들은 전란시대를 종식시키고 통일을 이룩한 일본의 3대 영웅이다. 이들 가운데 에도 바쿠후 시대를 연 이에야스는 가장 각광받는 인물로 꼽힌다. 온갖 고난 속에서도 서두르지 않고 천하통일의 대업을 이루었기 때문이다. 김인식 감독도 마찬가지다. 수많은 시련을 무릅쓰고 인내와 끈기로 성공을 이뤄냈기에 이 시대에 가장 존경받는 스포츠 지도자가 된 것이다. 김 감독은 말한다.

"내 삶 자체가 인내와 도전의 연속이었다."

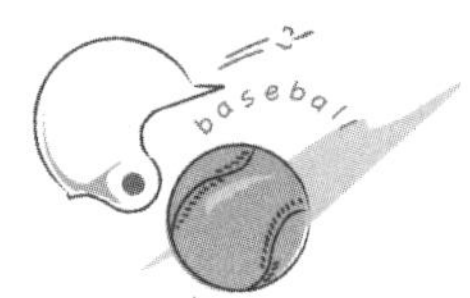

명장이 말하는
다섯 가지 승부처

김 감독의 야구에는 화려한 작전이 없다. 감독 초기에는 "야구를 제대로 몰라서 작전을 하지 않는다"는 비아냥거리는 말을 듣기도 했지만, 그는 지금까지 자신의 스타일을 고수하고 있다. 시간이 지나면서 사람들은 김인식 감독의 무궁무진한 수를 알아차렸다. 김 감독은 작전을 하지 않는 것이 아니라 고도의 작전을 구사하고 하고 있었던 것이다. 단지 상대가 눈치를 채지 못했을 뿐…….

Part 2

한국식 야구의 비밀
– 비빔밥 야구를 세계로!

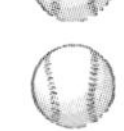

'**롱**볼(Long Ball)', '스몰볼(Small Ball)', '토털 베이스볼(Total Baseball)'

이 세 가지는 2009년 WBC 기간 동안 언론이 가장 빈번하게 사용한 용어다. 무슨 뜻일까? 먼저 롱볼과 스몰볼부터 알아보자. 롱볼은 작전을 최대한 자제하고 홈런 등 큰 것 한방에 승부를 거는 야구다. 경기의 흐름을 선수들에게 맡기는 것이 특징이며, 특히 메이저리그에서 선호하는 스타일이다. 스몰볼은 번트 등 다양한 작전, 주루 플레이, 수비로 승부를 거는 야구다. 선수보다는 벤치의 능력에 비중을 두는 아시아식 야구로 일본이 대표적이다.

마지막으로 토털 베이스볼은 무엇인가? 이번 WBC에서 김인식 감독이 새로 보여준 한국식 야구다. 홈런과 도루, 수비 작전이 절묘하게 버무려진 이른바 '비빔밥 야구' 다.

　원래 토털 베이스볼이란 용어는 잘 쓰지 않는 말로 이번에 만들어졌다고 해도 지나치지 않다. 토털 베이스볼은 2009년 WBC 대회의 최대 히트상품이었다.

토털 베이스볼로 세계를 이끌다

　김인식 감독은 롱볼과 스몰볼을 절묘하게 조화한 토털 베이스볼, 이른바 비빔밥 야구로 강호들을 잇달아 쓰러트렸다. 여기에 한국인 특유의 강한 정신력까지 보태져 한국 야구는 세계 최강으로 발돋움할 수 있었다. 김인식 감독은 이번 대회기간 동안 상대와 상황에 따라 롱볼과 스몰볼을 적절히 구사하는 등 카멜레온처럼 변신하며 쉴 새 없이 상대팀의 벤치를 뒤흔들었다.

　한국 야구는 생동적이었다. 타순에 상관없이 주자가 진루하면 선취점을 뽑으려고 기계적으로 번트를 대던 일본 야구와는 확실히 달랐다. 시종일관 힘으로만 밀어붙이다 자멸한 멕시코와 베네수엘라의 빅볼과도 달랐다.

　김인식 감독은 강호 베네수엘라전에서 롱볼을 구사했다. 1회 초 무사히 1, 2루 기회를 잡자 김 감독은 3번 김현수에게 강공을 지시했다. 선취점이 중요한 시점에서 강공작전을 구사한 것이다. 결국 홈런 3방으로 손쉽게 베네수엘라를 제칠 수 있었다.

2라운드 첫 경기인 멕시코전에서는 버스트(번트자세에서 강공으로 전환하는 것), 더블스틸 등으로 상대의 혼을 빼면서 다양한 작전을 펼쳤다. 결국 멕시코도 이범호, 김태균, 고영민의 홈런 세 방에 쓰러졌다. 롱볼과 스몰볼이 조화된 한국식 야구에 멕시코는 속절없이 당하기만 했다. 경기 후 한국이 롱볼보다는 스몰볼을 지향하는 것 같다는 외신 기자들의 말에 김 감독은 "야구는 세세한 면도 있다. 거기다 파워까지 갖추면 더욱 좋을 것이다. 작전은 상황마다 다르다. 홈런이 나올 수도 있고 번트와 도루를 지시할 수도 있다"고 담담하게 답했다.

일본과 상대할 때는 1라운드와 2라운드가 달랐다. 한국은 1라운드 순위결정전에서 롱볼로 맞섰다. 1 대 0으로 아슬아슬하게 리드를 했지만 강공으로 맞섰다. 물론 선발 봉중근과 정현욱 등 중간투수진에 대한 믿음이 있었기 때문에 가능한 일이었다. 2라운드 4강 결정전에서는 이용규의 빠른 발을 앞세운 스몰볼을 선보였다. 이용규는 1회 안타를 치고 나가 2루를 훔침으로써 일본 선발 다르빗슈를 흔들어 1회에만 3점을 뽑는 데 수훈을 세웠다.

기록으로 보더라도 롱볼, 스몰볼, 토털 베이스볼팀이 현격하게 구분된다. 4강 팀 중 메이저리거들이 주축을 이룬 베네수엘라와 미국은 각각 13개와 11개의 홈런에 7개와 6개의 도루로, 전형적인 롱볼

이번 WBC 대회를 지켜본 많은 외신 언론들은 한국 선수들의 탄탄한 실력에 감탄하면서 이렇게 훌륭한 한국팀에 왜 메이저리거가 없느냐며 의문을 표했다. 이에 한 야구 관계자는 "너희가 오라. 왜 야구를 잘하면 메이저리그에 가야 하느냐"며 코웃음을 쳤다는 후문이다.

을 구사했다. 일본은 도루가 11개인 반면 홈런은 4개에 그쳤다. 이는 스몰볼의 전형이다.

그러나 한국은 토털 베이스볼을 추구한 팀이었다. 홈런은 11개로 미국과 어깨를 나란히 했고, 도루는 9개로 11개인 일본에 이어 2위를 차지했다. 비빔밥 야구를 본 메이저리그 관계자와 미국 언론은 '경이롭다'며 칭찬을 아끼지 않았다. 너도 나도 "왜 한국과 같은 강팀에 메이저리거가 이리도 없느냐?", "많은 선수들이 메이저리거감이다"라고 떠들어댔다.

여기에 미국 언론의 '립 서비스'가 상당 부분 포함되어 있음을 부인할 수는 없다. 원래 다소 과장되게 칭찬하는 게 미국 언론의 특징이니까. 하지만 그들은 2006년 1회 WBC 대회에서 한국이 '4강 신화'를 이룩했을 때보다도 훨씬 더 놀라움을 표시했다. "한국은 가장 강력한 야구 강국에 속하게 되었다. 더 이상 놀랄 일도 아니다"라고 한 〈뉴욕타임스〉의 논평도 이같은 미국 언론의 시각을 반영한다.

2006년 1회 WBC 때만 해도 한국 대표팀에는 대내외로 알려진 선수들이 많았다. 박찬호, 서재응, 김병현, 최희섭 등 메이저리그를 경험한 선수들이 다수 포진해 있었고, 메이저리그 구단들이 주시하던 이승엽도 있었다. 하지만 2009년 WBC에서 한국 대표팀에 메이저리거는 추신수 단 한 명뿐이었다.

닮은 듯 다른 김인식과 김경문

베이징올림픽에서 한국에 금메달을 안겨준 김경문(두산) 감독과 김인식 감독을 한번 비교해보자. 두 감독의 스타일은 작전을 자제하고 강공으로 맞선다는 면에서는 닮은 점이 많다. 그러나 이들의 야구 스타일을 자세히 살펴보면 큰 차이가 있다. 결론적으로 말하면 김경문 감독은 롱볼을, 김인식 감독은 토털 베이스볼을 추구한다.

한편, 두 감독 모두 선수들에 대한 믿음이 무척 강하다. 김인식 감독은 타격감이 엉망이던 추신수, 김경문 감독은 부진하던 이승엽을 끝까지 믿었고, 두 선수는 결정적일 때 한방을 터트려 그 믿음에 보답했다. 중심타선에 작전을 걸지 않고 뚝심으로 밀고 가는 것도 닮

김인식의 투수교체 타이밍은 타의 추종을 불허한다. 그리고 화려한 작전 대신 우직한 작전으로 선수들의 마음을 얻고, 그의 말을 100퍼센트 실행하는 선수들을 믿을 뿐이다. 그것이 바로 김인식표 야구다.

있다. 하지만 김인식 감독은 투수 중심의 안전운전을 하고, 김경문 감독은 끝까지 타력으로 밀어붙이는 경기를 한다. 이는 현역 시절 김인식 감독의 포지션이 투수였고, 김경문 감독이 포수였기 때문인지도 모르겠다.

WBC에서 김인식 감독의 전략을 살펴보면, 강공을 선호하지만 필요할 때는 한 점을 선취한 후 일단 리드를 잡는 데 초점을 맞춘다. 그리고 치밀한 마운드 운영으로 상대팀의 공격을 차단시킨다. 여기에 적절한 투수교체 타이밍은 누구나 인정할 정도여서 그야말로 신기에 가깝다는 칭찬까지 듣는다.

김경문 감독은 승부처에서는 불도저다. 찬스다 싶으면 올인한다. 한두 점이 아니라 그 이상을 원한다. 이를 잘 보여주는 단적인 예로 베이징올림픽을 들 수 있는데, 당시 9전 전승을 하는 동안 희생번트는 단 2개에 불과했다. 그야말로 쳐서 승부를 내야 직성이 풀리는 성격이다.

두 감독이 선수의 장래를 생각하는 마음은 같지만, 용병술에서는 약간의 차이가 있다. 김경문 감독은 베이징올림픽에서 여론의 따가운 질책에도 불구하고 부진한 한기주(기아)를 끝까지 기용했지만, 그는 마지막까지 믿음에 호응하지 못했다. 우승을 했기에 망정이지 졌더라면 엄청난 비난을 받을 뻔한 선수기용이었다.

이번 WBC에서 김인식 감독 역시 부진한 김광현을 내치지 않았다. 믿었던 김광현은 1라운드 일본전에서 선발 등판한 후 최악의 컨디션을 보이며 1.1이닝 동안 8실점을 한 뒤 부진에 빠졌다. 김 감독은 이런 김광현을 선발에서 중간으로 보직을 바꾸는 등 무리하지 않은 선에서 기회를 주면서 선수의 기를 살려주었다.

야구를 몰라서 작전을 하지 않는다?

원래 김인식 감독은 번트보다는 강공을 선호하는 스타일의 야구를 한다. 선수들을 믿고 끝까지 밀어붙이는데, 특히 중심타선에는 작전을 잘 걸지 않는다. 이번 WBC에서도 중심타자들에게는 작전을 걸지 않았다. 중심타선에 작전을 자제하는 이유는 선수의 장래를 생각해서다. 작전을 걸면 선수들은 나쁜 볼에도 방망이가 나가야 하는데, 나쁜 볼을 때리면 그만큼 좋은 타격을 할 확률이 낮아진다. 결국 공격력이 떨어지게 되고, 선수들은 자신감마저 잃는다. 그래서 장기적으로 볼 때 선수들이 마음대로 치게 하는 게 팀이나 개인에게 모두 도움이 된다는 것이 그의 생각이다.

이처럼 김 감독의 야구에는 화려한 작전이 없다. 감독 초기에는 "야구를 제대로 몰라서 작전을 하지 않는다"는 비아냥거리는 말을 듣기도 했지만, 그는 지금까지 자신의 스타일을 고수하고 있다. 시간이 지나면서 사람들은 김인식 감독의 무궁무진한 수를 알아차렸다. 김 감독은 작전을 하지 않는 것이 아니라 고도의 작전을 구사하고 하고 있었던 것이다. 단지 상대가 눈치를 채지 못했을 뿐…….

작전은 감독이 걸지만 실행은 선수들이 한다. 아무리 완벽한 작전이라도 선수들이 따라오지 못하면 효과를 볼 수 없다. 그래서 김 감독은 작전보다는 선수들의 마음을 얻는 게 우선이라고 말한다. 선수들과 한마음이 되면 상대의 허를 찌르는 '허허실실작전'이 가능하다는 것이다.

국가가 있어야 야구도 있다
– 두 번째 영광의 자리

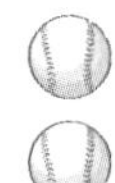

"**한**국시리즈 우승 감독이 WBC 사령탑을 맡자."
2008년 10월 21일. 두산의 김경문 감독은 대구구장에서 열린 삼성과의 플레이오프 6차전에 앞서 이 같은 깜짝 제안을 했다. 이때부터 WBC 감독 선임과 관련한 잡음이 일파만파로 번지기 시작했다. 느긋하던 한국야구위원회(KBO)는 긴장했다. 하일성 사무총장은 이미 WBC 사령탑과 관련해서 김경문 감독과 어느 정도 교감을 가지고 있다고 생각했기 때문이었다. 베이징올림픽 이후 하 총장은 김경문 감독을 몇 차례 만나 WBC와 관련해 얘기를 나눴으나 당시 그는 확실한 언질을 주지 않았다. 결국 김경문 감독의 깜짝 제안에 하 총장은 "무슨 소리냐. 같이 한 이야기가 있는데……"라며 그의 의중을 파악하기 위해 나섰다. 하지만 김경문 감독의 결심은 요지부동이었다.

김경문 감독이 이런 제안을 한 데에는 나름의 이유가 있었다. 그는 2007년 말부터 대표팀을 맞아 정작 자신의 팀인 두산에는 신경 쓸 겨를이 없었다. 그 결과 2003년 두산 사령탑을 맡은 김경문 감독은 그동안 한 번도 우승을 맛보지 못했다. 한국시리즈 결승에 세 번이나 올랐으나 번번이 준우승만 차지했다. 이는 팀 고위층에 큰 경기에 약하다는 이미지를 줄 수 있었기 때문에 상당한 부담이 됐다. 더군다나 2008년은 두산과 재계약 마지막 해였다.

여기에 항상 자신을 낮추는 겸손한 성격도 한몫했다. 비록 올림픽에서 우승했지만 그는 입버릇처럼 "운이 좋았다", "선수가 잘했다"고 말했다. 프로야구 감독으로선 비교적 젊은 나이(현재 51살)에 최고라는 평가를 듣는 것도 큰 부담으로 작용했다. 그것도 기라성 같은 선배들을 제치고 다시 대표팀을 맡는다는 게 썩 내키지 않았던 모양이다.

김경문 감독의 제안에 WBC 사령탑으로 유력한 후보였던 김성근 감독도 불쾌한 반응을 보였다. 그는 "그런데 어떻게 감독 문제를 KBO가 아니고 감독이 하느냐"며 묘한 뉘앙스를 풍기는 말을 던졌다. KBO가 한국시리즈에서 우승한 김성근 감독에게 공식적으로 WBC 사령탑을 제한한 때는 그 후인 11월 4일이었다. 윤동균 기술위원장이 김성근 감독을 만나 대표팀을 맡아줄 것을 제안했지만, 그는 건강상의 이유로 그 제안에 거절의 뜻을 확실히 밝혔다.

김성근 감독은 쌍방울 사령탑 시절이던 1998년에 신장암 수술을 한 후로 피로감을 빨리 느낀다. 2008년 한국시리즈 우승 후에는 병원에 입원하기도 했고, 요즘에도 병원을 자주 찾는다.

김성근 감독의 WBC 사령탑과 관련해서 야구판에 떠도는 소문을 소개하겠다. 김성근 감독은 윤동균 기술위원장이 사령탑을 제의하면서 자신에게 지나친 발언을 한 것에 심한 불쾌감을 느꼈다고 한다. 윤 위원장이 그에게 무슨 말을 했는지 정확히 알려지지는 않았지만, 김성근 감독의 강한 자존심을 건드렸다는 것이다. 그래서 김성근 감독이 건강을 이유로 대표팀 감독을 고사했다는 후문이다.

그러나 윤동균 위원장은 선배들에게 깍듯하기로 소문난 사람이고, 김성근 감독도 옹졸한 성격이 아니기 때문에 이는 프로야구판의 참새들이 지어낸 입방아에 불과하다.

김인식 감독을 WBC로 보낸 하일성의 쇼!

어쨌든 이제 WBC 사령탑 후보는 딱 한 사람밖에 남지 않았다. KBO의 구애는 한화 김인식 감독에게로 향했다. 상황이 급박했지만 하일성 사무총장은 "대안이 있다. 무조건 내일 감독을 추대한다"며 자신감을 보였다. 하 총장은 이런 사태에 대비하여 비장의 무기를 감춰놓고 있었던 것이었을까?

하일성 총장은 그날 김인식 감독과 술자리가 약속되어 있었다. 일주일 전에 김인식 감독이 먼저 하 총장에게 "시즌도 끝났으니 한잔 사라"고 해서 만들어진 자리였다. 그 자리에는 윤동균 기술위원장뿐만 아니라 김인식 감독과 절친한 리틀야구연맹 회장인 한영관 씨도 동석했다. 한 씨는 프로골퍼 한희원의 아버지이자 LG, 기아, 두산에서 투수로 뛴 손혁의 장인이기도 하다.

하 총장이 마지막으로 기댈 곳은 김인식 감독뿐이었다. 그는 다른 두 동석자에게 "죽기 살기로 매달리자"며 미리 작전을 짜고 김 감독을 기다렸다. 조금 늦게 김 감독이 도착하자 하 총장은 폭탄주를 연거푸 석 잔이나 마셨다. 김 감독이 "이 사람 왜 이래"라고 말렸지만 하 총장은 심각한 표정을 지으며 말없이 폭탄주만 연신 들이켰다. 사실 하 총장도 술을 많이 먹을 만큼 몸 상태가 좋은 게 아니었다. 2003년에 심근경색으로 세 차례나 심장수술을 했고, 위와 담낭도 잘라냈다. 더군다나 2006년에는 경기인 출신으로 KBO 사무총장에 올라 과다한 스트레스에 시달리고 있었다.

김 감독이 걱정스런 얼굴로 쳐다보자 하 총장은 "되는 일도 없고 죽고 싶다"며 한숨만 푹푹 내쉬었다. 김 감독이 뭐냐고 묻자 하 총장은 기다렸다는 듯이 "김경문 감독도 안 되고, 김성근 감독은 아파서 안 되고, 형이 좀 맡아줄래?"라고 말했다. '아닌 밤중에 홍두깨'였다. 김인식 감독은 당황하여 하 총장의 제안을 일언지하에 거절했다. "잘 알면서 왜 그래. 누구 죽일 일 있어?"라며 애써 하 총장의 간 청을 외면했다.

"왜 또 나야!"

하 총장은 김인식 감독과는 40년을 알아온 선후배로 형제만큼이 나 가까운 사이다. 좀처럼 결론이 나지 않은 채 술자리는 새벽까지 이어졌다. 하 총장은 "한국 야구를 어떻게 하느냐"며 계속 김 감독을 압박했고 김 감독은 말없이 허공만 응시했다. 몸도 정상이 아니었지 만 팀 성적도 걱정이었다. 한화는 2008년 시즌 5위로 포스트시즌 진 출에 실패했고, 그에게는 2009년 시즌이 계약 마지막 해여서 팀 성 적이 무엇보다 중요한 상황이었다.

급기야 윤동균 기술위원장이 나섰다. 그는 대뜸 김 감독에게 무릎 을 꿇고 "형님, 어려우시겠지만 이번만 맡아주십시오"라며 큰절을 올렸다. 사태가 이쯤 되자 요지부동이던 김 감독도 어쩔 도리가 없 었다. 의리에 죽고 사는 김 감독이니 말이다.

결국 그는 "왜 또 나야!"하며 마지못해 하 총장의 부탁을 받아들 였다. 대신 대표팀의 하와이 전지훈련, 현역 감독으로 구성된 코칭 스태프, 선수선정 전권위임이라는 조건을 달았다. 김 감독은 당시 상황을 다음과 같이 기억했다. "그냥 놔두면 (일성이가) 죽을 것 같았어. 몸이 안 좋아 술을 많이 마시면 안 되는데……. 버티긴 했지만 (일성이가) 목숨을 걸고 애원하는데 안 들어줄 수가 없잖아. 그런데 나중에 눈치 챘어. (일성이가) 쇼를 했다는 걸.”

사실 하 총장은 김 감독을 만나기 전에 이미 한화구단의 승낙까지 받아놓은 상태였다. 하 총장의 요청을 받은 한화의 이경재 사장은 스프링캠지인 하와이에 대표팀 캠프를 차린다는 조건으로 한화 김승연 회장에게 보고했다.

김 회장의 ‘OK’ 사인이 떨어지자 하 총장이 본격적으로 김인식 감독 설득작전에 나섰던 것이다. 마침내 KBO는 “기술위원회를 열어 한화 김인식 감독을 WBC 대표팀 사령탑으로 확정했다”고 발표했다. 김인식 감독은 “왜 또 나냐?”고 심드렁하게 말했지만 그때는 이미 감독직을 수락한 뒤였다.

김인식 감독은 ‘폭탄 넘기기’ 끝에 마지막 주자로 WBC 사령탑을 맡았다. 언론의 표현대로 ‘독이 든 성배’를 든 것이었다. 40년 지기인 김찬익 전 KBO 심판장이 만류하자 “야, 인마! 누구는 해야 할 거 아냐. 내가 맡는다고 당장 죽냐”며 단호한 의지를 보이기도 했다. 그리고 또 다시 WBC 사령탑을 맡은 소감을 묻는 기자들의 말에 “외국에 나가면 공식 인터뷰가 많을 텐데, 감독이란 사람이 제대로 걷지 못하면 그렇잖아. 그래서 대표팀을 안 맡겠다고 했는데 또 그렇게 됐네”라고 대답해 주위를 웃음바다로 만들었다.

WBC에 출전하지 말자!

감독 선임은 마무리됐지만 막상 코칭스태프와 선수단을 구성하려니 일이 꼬이고 말았다. 조건부 수락 중 한 가지였던 현역 감독 코칭스태프 구성은 초반부터 난항이었고, 이승엽, 박찬호 등의 핵심 선수들도 잇달아 대표팀 사퇴의사를 밝혔다. 그래도 김 감독은 끝까지 이승엽과 박찬호에 대한 희망을 버리지 않고, 틈만 나면 전화를 걸어 그들을 설득하려고 애썼다.

김 감독은 12월 초에 조창수 감독의 딸 결혼식에서 이승엽을 만나 대표팀 합류를 거듭 종용했다. 하지만 이승엽은 "올해 부진했기 때문에 내년에는 성적을 내야 한다. 후배들도 잘할 것"이라며 김 감독에게 이해를 구했다. 박찬호도 여러 차례 김 감독에게 미안함을 전했다. LA다저스에서 필라델피아로 이적한 탓에 대표팀 참가를 마음대로 결정할 수 있는 상황이 아니었던 박찬호는 기자회견에서 "대표팀과 함께하지 못해 미안하다"며 눈물을 흘리기도 했다.

게다가 각 구단들은 자기 팀 선수가 대표팀에 많이 선발될까봐 예민한 반응을 보였다. WBC에서 무리해 부상이라도 당하면 페넌트레이스 운영에 심각한 차질을 빚을 수 있기 때문이었다. 이에 'WBC에 출전하지 말자'는 여론까지 나오자 각 구단은 그제야 무조건 협조하겠다고 나섰다. 김성근 감독은 "대표팀에 나갈 김광현 등 몇몇

이 선수들이 태극마크를 달기까지는 무수히 많은 번복과 우려의 말들이 있었다. 차마 함께하지 못해 우는 이도 있었고, 부상을 당한 선수도 있었다. 하지만 "국가가 있어야 야구가 있다"는 김인식 감독의 말은 통했고, 준우승이라는 값진 선물을 안겨주었다.

선수는 실전에 빨리 적응하도록 컨디션을 만들도록 돕겠다"며 지원사격을 하고 나섰다. 다른 구단도 선수 선발에 적극적으로 지원하겠다고 약속했다. 2008년 11월 12일 김 감독은 코칭스태프를 발표하는 자리에서 "국가가 있어야 야구도 있다"며 선수단 구성에 비협조적이었던 구단 등 모든 사람들을 향해 의미심장한 말을 던졌다.

김 감독의 '국가가 있어야 야구가 있다'는 명언은 온 국민에게 애국심을 불러일으켰다. 그의 말에 온 국민은 깊은 감명을 받았다. 특히 이명박 대통령은 25일 일본과의 결승전 후 김인식 감독과 통화할 때 '국가가 있어야 야구도 있다' 는 김 감독의 말을 몇 번이나 되풀이하면서 선수단의 노고를 치하했다.

이 대통령은 국무회의에서도 김 감독의 말을 언급하면서 "선수들은 명예감을 가지고 불리한 여건 속에서도 최선을 다해 좋은 결과를 거뒀다. 승패를 떠나 목표를 국가에 두고 열심히 뛴 우리 야구선수들처럼 조금 더 힘을 쏟아준다면 더 좋은 결과를 만들어낼 수 있을 것"이라면서, 국무위원들에게 나라를 위해 정치, 경제적으로 더욱 열심히 일해줄 것을 주문했다.

그러나 정작 대통령도 빌려쓴 어록을 남긴 당사자는 "잘했으니 그 말이 유명해졌지, 못했으면 그냥 오기로밖에 더 들렸겠어"라며 그 말에 큰 의미를 두지 않았다. 하지만 김 감독의 희생정신, 국가관은 알 만한 사람은 다 안다. WBC 성적에 관계없이 '국가가 있어야 야구도 있다' 는 그의 말은 국민들의 가슴에 영원히 남아 있을 것이다.

너도 맞고 나도 맞다
– 야구에는 정답이 없다

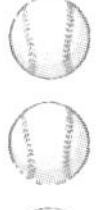

2009년 WBC에서 일본의 하라 감독은 판에 박힌 작전을 펼쳤다. 주자가 나가면 번트를 대는 등 상대가 미리 예측할 수 있는 정석 플레이를 고집하면서 여기저기에서 임기응변에 약하다는 지적을 받았다. 경기에서 우승하면서 이 같은 질타가 희석되긴 했지만, 상황에 따라 변화무쌍했던 김인식 감독의 작전과 비교되면서 한때 일본 야구팬들의 질타를 받기도 했다.

하라 감독이 가장 많은 비난을 받은 대표적인 경기는 3월 9일 도쿄돔에서 열린 1라운드 한국과의 순위결정전이다. 하라 감독은 0 대 1로 뒤진 8회 1사 1루에서 보내기 번트를 지시했다. 이는 초등학교 야구선수도 예상할 수 있는 작전이었다. 일본 선수 가운데 타격감이 좋았던 나카지마가 타석에 들어서자 김인식 감독도 잠시 혼란스러

왔다. 나카지마가 번트자세를 취했지만 (버스터로) 공격할 것이라고 예측한 것이다. 하지만 나카지마는 하라 감독의 지시에 따라 번트를 댔다.

0 대 1로 패하자 일본팬들은 일본 대표팀에게 비난을 퍼부었고, 상식 밖의 작전이라면서 급기야 하라의 지도자 자질에 의혹을 제기하기도 했다. 하라 감독은 2008년에 이승엽이 부진했을 때에도 그를 믿고 기다릴 정도로 선수들에 대한 신뢰가 높은 감독으로 선수기용에 큰 변화를 주지 않는 스타일이다. 그는 이번 WBC에서도 마운드에서 자신의 스타일을 고집했다. 그러나 1라운드 순위결정전에 이어 2라운드 4강 결정전에서 한국에 잇달아 패하자 자신의 고집을 버렸다. 마음이 다급해진 것이다.

그리하여 하라 감독은 20일 한국과의 2라운드 순위결정전에서 예전과 다른 용병술과 작전을 선보였다. 그전까지는 왼손투수에 꿋꿋하게 왼손타자를 배치했는데, 이번에는 한국팀에서 좌완 장원삼이 선발로 등판하자 좌타자인 이나바 오가사와라를 제외하고 우타자를 출전시켰다. 틀에 박힌 작전에도 큰 변화를 주었다. 2 대 2 동점이던 8회 무사 1, 2에서 이나바 오가사와라 등 2명의 대타를 연속으로 출전시켰고, 그들이 연속으로 안타를 쳐 결승점을 뽑았다. 번트를 대지 않고 강공으로 밀어붙여 얻은 점수였다.

그러나 9회에는 다시 자신의 원래 스타일로 돌아와 5 대 2로 앞선 무사 1, 2루에서 보내기 번트를 지시하는 소심함을 보이기도 했다. 물론 승리를 굳히기 위해서 필요한 작전일 수는 있다. 그러나 1이닝을 남겨놓고 3점차로 앞서고 있는 데다 일본 마무리 투수의 능력을 감안하면 분명 칭찬받을 만한 작전은 아니었다.

야구에 정형화된 틀은 없다

대회기간 중에 김인식 감독은 라이벌인 일본 전력에 대한 질문을 많이 받았다. 이번 대회에서만 일본과 5번을 싸웠으니 그에게 일본과 관련된 질문이 쏟아지는 것은 어쩌면 당연한 일인지도 모른다. 그중에는 일본팀의 전력에 대한 질문도 적지 않았다. 김인식 감독은 이 같은 질문에는 일체 입을 다물었다. 오히려 상대를 두둔했다. "하라 감독이 자신을 따라하는 것 같지 않냐"는 질문에 김인식 감독은 "말도 안 되는 소리다. 그의 작전은 좋았다. 배울 점도 많다"고 단호하게 말했다. 평소 '야구는 논쟁의 대상이 아니다. 야구에는 정답이 없다'는 신념을 가지고 있었기에 가능한 대답이었다.

김인식 감독은 마음이 열려 있는 사람이라 고정관념에 얽매이는 것을 싫어한다. 따라서 자신의 생각이 반드시 옳다고 고집하지 않는다. 항상 다른 사람들의 말에 귀를 기울이고 장점은 받아들이려고 노력한다. 심지어 후배나 선수들도 반면교사로 삼는 지도자다. 야구

대회기간 중 결승전을 포함해 5번이나 경기를 했던 라이벌 일본에 대한 질문공세가 쏟아질 때마다 김인식 감독은 "야구는 논쟁의 대상이 아니며 정답도 없다"는 말로 일축했다. 정답이 없는 야구를 하며 우리에게 늘 정답 같은 야구경기를 보여주는 그의 능력이 놀랍기만 하다.

에서도 마찬가지다. 절대 자신의 야구만이 정답이라고 주장하지 않으며 다른 지도자의 야구도 존중한다. 상대를 존중하면 그만큼 자신의 단점도 쉽게 찾을 수 있다는 것이 그의 생각이다. 그래서 경기에 이겨도 교만하지 않고, 져도 실망하는 법이 없다.

'야구에 정형화된 틀은 없다'는 김인식 감독의 지론은 선수 양성에서도 빛을 발한다. 김 감독은 지도자를 하면서 많은 선수를 길러냈다. 아마도 프로야구 감독 중 명품 선수를 가장 많이 만들어낸 감독일 것이다. 대표적인 선수가 쌍방울 시절에 김기태와 김원형, 두 산(OB) 시절 심정수와 박명환 등이고 그외에도 손에 꼽을 스타급 선수들이 김 감독의 손을 거쳐갔다.

2009년 4월 9일 프로야구 최초로 3,000이닝을 돌파하면서 '살아 있는 전설'로 불리는 한화의 송진우는 김인식 감독과 각별한 인연이 있다. 충북 세광고 출신인 투수 송진우는 김인식 감독의 동국대 제자다. 김인식은 송진우의 집까지 찾아가 부모에게 애원한 끝에 그를 스카우트할 수 있었고, 송진우는 김 감독의 지도로 그해 대통령배 대학야구에서 우승의 주역이 됐다. 송진우는 "감독님이 대학시절 가르쳐준 번트 수비와 주자 견제 비법은 지금까지도 유용하게 써먹고 있다. 감독님은 항상 다른 사람의 야구도 인정해주는 분이다"라고 말한 바 있다.

지도자의 역량에 선수의 운명이 엇갈린다

아마야구의 기대주였던 선수들 중에는 프로 무대에서 적응을 못 하고 사라지는 경우가 많다. 술과 여자에 빠져 자기 관리를 못해 도태되는 선수들도 있지만, 대부분의 선수들은 지도자 복이 없었기 때문이다. 지도자 때문에 최고 유망주에서 평범한 선수로 전락한 예를 하나 소개하겠다.

모 선수는 고교를 졸업한 뒤 어마어마한 계약금을 받고 국내 프로야구 중 최고 구단에 입단했다. 고교시절 이미 140킬로미터대 후반의 스피드를 자랑하는 전도유망한 선수였던 그를 키우기 위해 구단은 물불을 가리지 않고 실력이 있다는 코치는 다 붙였고, 심지어 미국으로 보내기까지 했다. 숱한 구단의 노력에도 불구하고 그 선수는 끝내 성장하지 못했다. 더구나 한때 그에 대해 '선천적으로 몸이 안 좋다', '새가슴이다(배짱이 없다)' 라는 갖가지 소문이 나돌기도 했다.

하지만 원인은 다른 데 있었다. 그를 지도한 지도자들이 자신들의 야구만을 고집했기 때문이었다. 계속 담당 코치가 바뀌고 만나는 코치마다 성격과 지도방법이 다르다 보니 어린 선수가 정체성에 혼란을 느낀 것이다. 그 선수는 자신들의 야구만을 강요하는 코치의 눈치를 볼 수밖에 없었고, 결국 프로의 세계에서 도태되고 말았다.

김인식 감독은 아마야구 감독들에게도 인기가 많다. 김 감독은 쌍방울과 두산 감독에서 물러나 야인생활을 할 때 아마야구 선수들을 지도하기도 했다.

아마와 프로는 수준 차이가 엄청나다. 특히 지도자의 역량에는 하늘과 땅만큼의 차이가 난다고 해도 과언이 아니다. 물론 최근 아마야구에는 프로 출신의 코치나 감독들이 늘고 있어 지도자 수준이 예전과는 판이하지만, 1990년대 초중반 때만 해도 염불보다는 잿밥에 관심 있는 지도자가 많아 상대적으로 실력이 떨어지는 게 사실이었다. 선수 키우기는 뒷전이고 성적내기에만 급급했으며, 선수 스카우트 과정에서 금품이 오가는 것은 당연지사였다. 심지어 심판을 돈으로 매수해 지고 있던 경기를 뒤집는 경우도 많았다. 로비를 잘하는 지도자가 유능했던 그 시절에는 실력이 향상하는 감독보다 퇴보하는 감독이 많았다.

김 감독은 고교, 대학 등의 아마 지도자들이 중학교 수준의 야구를 해도 묵묵히 지켜보기만 한다. 그리고 기회가 되면 "잘못 됐으니 고쳐라"라는 말 대신 "이렇게 해보지"라고 권유한다. 자연히 김 감독 주위에는 늘 아마 지도자들이 몰려든다. 경기 후에는 "오늘 경기를 평가해달라. 작전에 실수는 없느냐"며 오히려 김 감독에게 경기에 대한 평가를 부탁하기도 한다. 아마추어지만 명색이 감독인데 자존심을 꺾으면서까지 그런 부탁을 하기가 쉽지 않은데, 김 감독에게는 자존심을 버려도 좋을 만한 뭔가가 있는 모양이다.

야구는 살아 있는 생물이다

그전에도 프로 출신들이 아마야구를 지도한 적이 있었지만 김 감독만큼 환영을 받지는 못했다. 이유는 간단하다. 대부분의 프로야구 출신 감독들은 상대를 인정하지 않고, 자신의 야구관만 고집했기 때문이다. 시련을 딛고 성공한 사람은 외골수 기질이 다분하다. 자기가 최고라는 신념으로 똘똘 뭉쳐 있어 남을 인정하지 않고, 타협을 잘 하지 않는 경향이 있다.

김 감독도 수많은 역경을 이기고 정상에 섰다. 아마와 프로야구 지도자 경력도 화려하다. 동국대 감독을 맡은 첫해인 1982년 춘계와 추계리그 준우승을 시작으로 이듬해에는 춘계리그 우승을 이끌었다. 프로야구에서도 한국시리즈 우승을 두 번(1995년, 2001년)이나 차지했다. 쌍방울, 두산(OB), 한화 등 3개 구단의 사령탑을 경험했으며, 2002년 부산아시안게임에서는 금메달을 따는 저력을 보이기도 했다. WBC 대표팀 감독으로 1회는 4강, 2회는 준우승을 일궈내면서 그야말로 최고 감독의 반열에 올랐다.

김 감독은 이러한 화려한 이력에도 불구하고 자신의 야구만 고집하지 않는다. 요즘도 "야구에 배고프다"며 메이저리그 중계를 보면서 끊임없이 연구를 한다.

"야구는 살아 움직이는 생물(生物)이다. 내 야구가 맞고 타인의 야구는 틀렸다고 말하는 자는 정말 어리석은 지도자다"라고 말하는 김 감독은 초등학교 야구선수에게도 배울 게 있다고 생각한다. 야구를 어떤 정형화된 틀 속에 놓고 보면 자신도 모르게 매너리즘에 빠진다는 것이다.

김 감독은 올해 우리 나이로 63살이다. 이 시기는 나이든 사람 특

유의 고집이 서서히 만들어지는데, 김 감독에게서는 그런 모습을 찾
아보기가 힘들다. 내 야구가 정답이 아니라는 그의 태도는 마음이
열려 있다는 증거다.

　김 감독의 야구에는 너와 나의 이념 경계가 없다. 그래서 그의 야
구에는 인간적인 감동이 있고, 늘 향기가 묻어난다.

과욕은 화를 부른다
– 순리 야구, 순리 인생

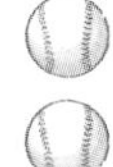

중국 쓰촨성(四川成)에서 즐겨 사용하는 재미있는 원숭이 사냥법이 있다. 우선 원숭이가 좋아하는 음식을 넣은 커다란 항아리를 숲속에 놓는다. 항아리에는 원숭이 손이 겨우 들어갈 만큼의 구멍이 뚫려 있다. 멀리서 음식 냄새를 맡은 원숭이는 냉큼 항아리에 손을 집어넣어 음식을 꺼내지만, 구멍이 작아 손이 빠지지 않는다. 그런데 원숭이는 사냥꾼이 올 때까지 고집스럽게 손에서 먹을 것을 놓지 않는다. 결국 사냥꾼은 힘도 안 들이고 손쉽게 원숭이를 잡는다. 먹을 것에 대한 집착과 눈앞의 조그만 이익 때문에 원숭이는 어이없는 죽음을 당하게 되는 것이다.

비움의 야구

앞에서 쓰촨성 원숭이 예를 들었지만 인간도 별반 차이가 없다. 빈손이 된다는 것, 즉 마음을 비운다는 것은 말처럼 쉽지 않다. 냉철한 판단과 미래에 대한 확신이 없으면 마음을 비우기가 힘들다. 그런데 김인식 감독은 비움의 야구를 추구한다. 전체적인 그림을 미리 그리지 않고 하나씩 채워가는 야구를 선호한다. 즉, 자신의 마음을 비운 순리 야구를 추구하는 것이다. 순리 야구는 흐름을 중요시하는 야구다. 흐름에 순응하는 경기 운영에는 예측이 아니라 대응이라는 겸손함도 내포되어 있다. 이번 WBC에서도 김 감독의 순리 야구가 빛났다. 그는 선수들과 온 국민의 마음을 사로잡았고, 세계인을 단번에 매료시켰다.

김 감독은 선수 선발과정에서부터 마음을 비웠다. 특히 팀 소속 선수인 김태균과 이범호의 선발에 신중을 기했는데, 자신의 의견보다는 코치들의 의견을 더 존중했다. 그 결과 역시 김인식이라는 평가를 얻었고, 그 평가는 WBC 대표팀을 이끄는 원동력이 되기도 했다.

대표팀의 첫 경기인 6일 대만전을 살펴보자. 김 감독은 의외로 추신수를 6번에 기용했다. 추신수는 클리블랜드 구단 관계자들의 제지로 타격훈련도 제대로 하지 못한 채 평가전에도 출전하지 않아 배팅 감각에 문제가 있었다. 그럼에도 불구하고 김 감독은 그를 대타

2008년 베이징올림픽에 컨디션 난조로 마음고생을 했던 이승엽이 있었다면, 2009년 WBC에는 한국 대표팀 유일의 메이저리거 추신수가 있었다. 김인식은 제대로된 훈련을 하지 못한 그에게 계속해서 기회를 주었고, 마침내 그는 결정적인 순간에 홈런을 선사했다.

가 아니라 지명타자로 선발 출전시켰다. 대신 타순은 원래 생각했던 3번에서 6번으로 내렸다. 코치들도 김 감독의 의중을 알 수가 없었다. 술렁이는 분위기를 감지한 김 감독은 서둘러 진화에 나섰다.

"원래 잘하는 선수는 두 달을 쉬어도 잘 치더라. (추신수는) 얼마 되지도 않았는데 문제 있겠어?"

김인식 감독은 순리에 따라 꼼수 대신 정공법을 택하지만, 그 순리 때문에 미래를 포기하지는 않는다. 상황에 따라 유연하게 대처한다는 말이다.

대만전은 등판 순서에 따라 류현진을 선발로 출전시켰다. 김 감독은 4회에 6점차가 되자 류현진을 마운드에서 내렸다. 43개를 던진 류현진을 8일 이후 다시 마운드에 올리기 위한 전략이었다.

일본전에서도 김 감독은 비움의 야구, 순리의 야구가 무엇인지 확실히 보여줬다. 7일 대결에서 일본이 김광현을 대비하고 있음을 알고 있었지만 김 감독은 그를 선발로 올렸다. 봉중근이 9일 일본전에서 승리하자 2라운드 4강 진출전, 결승전까지 줄곧 선발로 내세우기도 했다. 누구나 예상할 수 있는 정공법으로 맞선 것이다. 만약 다른 감독이 똑같은 전략으로 맞섰다면 WBC 준우승이란 결실을 맺을 수 있었을까?

2 대 14의 설욕을 풀어라!

한국은 일본과의 1라운드 첫 대결에서 2회에만 투수를 교체했더라도 콜드게임 패는 면할 수 있었다. 하지만 무리할 이유가 없었다. 김 감독은 두 가지 이유에서 투수를 교체하지 않았다. 다음 경기에 대한 대비와 김광현의 기(氣)를 살리고자 하는 두 가지 명분 때문에 마음을 비운 것이다. 그러나 머리는 비우지 않은 채 정현욱, 임창용 등 불펜진들을 점검하면서 미래를 대비했다.

20일 일본과의 2라운드 1, 2위 순위결정전에서도 마찬가지였다. 김 감독은 처음부터 마음을 비웠다. 이날은 승리보다는 준결승 상대를 결정짓는 경기라는 점에서 중요했다. 김 감독은 준결승전 파트너로 미국보다는 베네수엘라가 상대하기 쉽다고 판단하고 1회 톱타자 정근우의 중전안타로 만든 무사 1루에서 이용규에게 희생 번트를 지시했다. 오른손 부상을 입은 이용규의 컨디션을 조절하기 위한 것일 수도 있지만 서두르지 않고 경기를 하겠다는 의지도 담겨 있었다.

포수, 유격수, 중견수의 센터라인도 김 감독의 우회 전략을 엿볼 수 있는 대목이다. 김 감독은 아킬레스건이 좋지 않은 베테랑 포수 박경완 대신 강민호를 선발로 출전시켰고, 박기혁이 빠진 유격수의 자리에는 원래 3루수인 최정을 내보냈다. 1라운드부터 계속 포수 마스크를 썼던 박경완은 컨디션 조절 차원에서 빠졌다. 아킬레스건이 좋지 않아 만약 부상을 당하면 대표팀에 비상이 걸릴 수 있어서였다. 그리고 선발 투수에 장원삼을 기용한 것을 비롯하여 오승환, 이승호 등 그동안 등판하지 않았던 투수들에게도 골고루 등판의 기회를 주었다.

7회에는 이범호가 솔로 홈런으로 일본과 동점을 만들었다. 이어 무사 1루의 찬스가 이어지자 김 감독은 강민호 대신 추신수를 대타로 기용했다. 추신수의 타격감 회복이라는 목적이 우선이기 때문에 작전이 성공해서 이기면 좋지만 실패해도 문제는 없었다.

8회에 투수력을 동원하여 맞대결을 했더라면 분위기상 한국이 훨씬 유리했을 것이다. 그러나 김 감독은 투수를 아끼며 라이벌인 일본과의 승리를 준결승 파트너와 바꿨다. 이미 4강 진출이 확정된 터라 사실상 순위는 큰 의미가 없었다.

그렇다고 승리를 포기하기가 그리 쉽지는 않았을 것이다. 우선 상대가 일본이라는 부담이 있었고 2라운드 1위 팀에게 주어지는 40만 달러의 상금도 아까웠을 것이다. 정말이지 자신의 결정에 대한 확신과 믿음이 있어야 가능한 결단이었다.

욕심은 버리지만 희망마저 버리면 안 돼

김 감독은 페넌트레이스 운영에도 정평이 나 있는 감독 중의 한 명이다. 그는 이기는 경기와 지는 경기를 확실히 구별한다. 경기 흐름상 불리하면 과감히 버리는 스타일이다. 페넌트레이스도 무리하지 않고 순리대로 운영한다.

페넌트레이스(4~9월)는 133경기의 장기레이스다. 포스트시즌(10월)인 준플레이오프, 플레이오프, 한국시리즈 등 잘하면 150경기까지 치러야 한다. 단기전에서는 약간의 오버페이스도 큰 문제가 되지 않지만 페넌트레이스 같은 장기레이스에서는 상황이 다르다. 초반부터 성적에 욕심을 부리면 중요한 시점에 뒷심이 부족해 힘을 쓰지 못한다. 따라서 페넌트레이스에서는 무엇보다 페이스를 조절하는 감독의 능력이 무엇보다 중요하다.

신참 감독들이 흔히 저지르는 실수 중의 하나가 초반 의욕 과잉이다. 초반에 승수를 잡아놓으면 편하게 페넌트레이스를 운영할 수 있기 때문에 4월 한 달과 5월 초에 승부를 건다. 그래야 선수단 분위기를 잡을 수 있고, 더운 여름철에 대비해 선수들의 체력도 비축할 수 있다. 그래서 각 팀에서는 초반에 승률을 최소한 5할대 후반에서 6할대 초반까지 유지하려고 용을 쓴다. 물론 팀 사정에 따라 전략이 다를 수는 있지만, 후반에 뒷심이 부족한 팀은 대부분 초반 오버페이스 탓이라고 생각해도 무방하다.

페넌트레이스에서는 포기하는 타임을 잘 잡아야 마지막에 웃을 수 있다. 흐름이 다 넘어간 경기에 집착하다 보면 주전급 선수를 무리하게 투입할 수밖에 없다. 페넌트레이스에서는 월요일 하루를 제외하고는 매일 경기를 하기 때문에 아무리 무쇠 체력이라고 해도 금방 고갈된다. 선수들은 경기 출전뿐 아니라, 훈련도 거의 매일 병행해야 하기 때문에 포기한 경기에서는 백업선수들을 적절히 활용해 전체 선수들의 컨디션을 안배하는 것이 감독이 해야 할 중요한 일이다. 그렇지 않으면 후반 또는 포스트시즌 등 결정적인 고비에서 막히고 만다.

김인식 감독은 그냥 대책 없이 포기하지는 않는다. 포기하면서도 팀과 선수의 장래를 위해 반드시 뭔가를 찾아낸다. 중요한 순간에 투입할 선수들을 양성하기 위해 분주히 움직이는 것이다.

"그냥 순리대로 풀어야 좋은 결과를 얻을 수 있어. 욕심을 부리면 머지않아 반드시 큰 화를 당하게 돼. 야구도 인생살이도 마찬가지야. 그런데 욕심은 버리되 희망마저 버리면 안 돼. 그러면 무능한 감독이 된다고."

김 감독의 말이다. 눈앞의 사사로운 이익에 사로잡혀 욕심을 버리지 않으면 쓰촨성 원숭이 신세가 된다. 마음을 비우면 예상외로 큰 선물을 받을 수 있으니, 김 감독의 비움의 야구, 순리 야구가 이를 증명하고 있다.

야구는 사람이 한다
– 그들은 승리를 위한 도구가 아니다

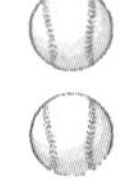

야구는 선수가 공을 가지고 플레이를 한다는 점에서 축구, 농구, 배구, 핸드볼, 탁구 등 다른 구기 스포츠와 똑같다. 그러나 스코어를 내는 방법에서는 앞에서 열거한 종목들과 확연히 다르다. 다른 구기 스포츠는 공으로 스코어를 내지만 야구는 사람으로 스코어를 낸다. 주자(사람)가 홈베이스를 밟아야 스코어가 나니, 야구는 항상 선수(사람)가 중심이다.

따라서 야구에서는 아무리 능력이 출중한 감독이라도 선수를 존중하는 마음이 없으면 좋은 결과를 기대할 수 없다. 선수를 존중해야 그들의 마음을 얻을 수 있다. 선수를 팀 성적의 희생양으로 삼는 감독은 반드시 백전백패한다.

이것이 야구철학이다

김인식 감독은 누구보다 사람을 존중하는 지도자다. 게임에서도 인간 존중의 정신이 배어난다. 작전보다는 선수를 먼저 생각한다. 야구는 감독이 아니라 선수가 하는 것이라고 생각하기 때문이다. 위기에 처했을 때 감독이 선택할 수 있는 방법은 두 가지다. 첫 번째는 치밀한 작전이고, 두 번째는 선수를 믿느냐는 것이다. 김인식 감독은 항상 두 번째 방법을 고수한다. "야구는 사람이 하는 거야. 감독은 사람을 잘 부리기만 하면 돼. 작전에 사람 맞추는 건 나와 안 맞아." 이 말에서 우리는 그의 야구철학을 엿볼 수 있다.

이청득심(以聽得心)이란 말이 있다. '귀를 기울여 들으면 사람의 마음을 얻을 수 있다'는 뜻이다. 김 감독이 이번 WBC에서 준우승을 따낸 것도 선수들의 마음을 얻는 데 성공했기 때문에 가능한 일이었다.

WBC 개막을 열흘 앞둔 2009년 2월 23일이었다. 김 감독은 주전 유격수 박진만이 최종 엔트리에서 탈락되었다고 발표했다. 선수에 대한 믿음이 확고한 김 감독이 그런 결정을 내릴 것이라고는 그 누구도 예상하지 못했다. 게다가 박진만은 메이저리거에 버금가는 수비 솜씨를 자랑하는 대표팀 내야 수비진의 핵심 선수였다. 박진만 없는 대표팀 내야는 생각할 수 없을 정도로 그의 비중이 컸기 때문에 모두가 김 감독의 선택을 의아하게 여겼다.

그는 자신의 고집과 뚝심만을 고집하는 리더가 아니다. 늘 코치들과 함께 연구하고 분석하여 최고의 선수를 그라운드에 올린다. 투수를 바꿀 때는 투수코치를 불렀고, 타자를 기용할 때는 타격코치를 불러 물었다. 그리고 마지막으로 자신에게 물었다.

당초 김 감독은 박진만을 최종 엔트리에 포함시킬 생각이었다. 그러나 김성한 수석코치와 류중일 수비코치가 "(박진만이) 현재 상태로는 안 된다"며 교체를 주장하자 고심 끝에 자신의 고집을 꺾은 것이다. 같은 팀 소속인 김태균, 이범호의 선발도 코치들의 요청을 받아들여 결정했다. 또한 메이저리그 경험이 있어 꼭 필요한 김병현이 여권을 잃어버려 합류가 늦자, 선수 개인보다는 팀이 우선이라는 생각에 최종 엔트리에서 그를 제외시키기도 했다.

그 결과 김 감독은 '사리사욕에 얽매이지 않는다'는 평가를 받았고, 더불어 선수들도 김 감독에게 마음을 열었다. 해외파와 국내 베테랑 선수의 이탈로 선수들 사이에서 존재하던 불안한 마음도 눈 녹듯 사라졌다.

대표팀 선수를 선발할 때도 김 감독은 자신의 감에만 의존하지 않고, 늘 코치들과 많은 대화를 통해 최종 결정을 내렸다. 최상의 효과를 내기 위해 건설적인 현장의 목소리를 적극적으로 수용한 것이다. 준결승인 베네수엘라전에서 3점 홈런을 친 추신수도 이순철 타격코치가 적극 추천한 선수다.

김 감독이 자신의 고집만 앞세웠더라면 팬들은 이용규의 투혼도 볼 수 없었을 것이다. 1라운드에서 그는 공격의 물꼬를 트는 1번 타자에 이종욱을 기용했다. 대표팀의 하와이 호놀룰루 전지훈련 때 이미 그를 주전 중견수로 낙점했던 것이다.

그러나 이종욱이 부진하자 코치들이 베이징올림픽에서 맹활약을 한 이용규를 추천했다. 결국 김 감독은 2라운드가 열리는 샌디에이고로 이동한 뒤 마음을 바꿔 이종욱 대신 이용규를 1번에 기용했다. 양상문 투수코치는 "감독님은 투수를 교체할 때 반드시 내 의견을 물었다. 그리고 단 한 번도 내게 이의를 제기하지 않았다"고 말했다.

팀이 먼저냐, 내가 먼저냐

김 감독의 인간존중 정신은 선수들의 자발적인 참여를 불러일으켰다. 누가 시키지 않아도 경쟁적으로 자신을 희생하는 플레이를 했다. 사실 국가 대표팀 선수들은 다들 자기가 잘났다고 생각하는 선수들이어서 통제하기도 힘들고, 팀워크를 하나로 만들기도 어렵다. 개개인의 개성이 강하다 보니 종종 사고도 일어난다. 2000년 시드니 올림픽에서는 '카지노 사건'이 발생해 대표팀에 대한 국민들의 실망감이 하늘을 찌르기도 했다. 게다가 일본 삿포로에서 열린 2003년 아테네올림픽 아시아지역 예선에서는 음주 논란까지 있었다. 하지만 이번 WBC팀은 달랐다. 병역 혜택이란 당근도 없고 팀 분위기를 잡아줄 베테랑 선수도 없었지만, 그들은 자신들을 존중하는 김인식 감독 아래에서 하나로 똘똘 뭉쳤다.

한국이 4강 진출을 확정했던 18일 일본전에는 선수들의 희생정신이 고스란히 담겨 있다. 한국은 1회 안타 2개와 상대 실책을 묶어 선취점을 얻었다. 계속된 무사 1, 2루에서 4번 타자 김태균이 타석에 들어섰다. 일본 선발 다르빗슈는 김태균에게 변화구만 잇달아 5개(슬라이더 4개, 컷 패스트볼 1개)를 던졌다. 여기에는 김태균의 욕심을 자극하여 헛스윙을 유도하겠다는 계산이 깔려 있었다.

하지만 김태균은 마음을 억누르고 공을 차례로 골라냈다. 결국 볼넷을 얻어 1루로 나갔다. 이어 1사 만루에서 터진 이진영의 2타점 적시타로 한국은 승기를 잡았다. 김태균이 혼자 영웅이 되겠다고 덤벼들었다면 어떻게 됐을까? 아마 한국 야구의 역사는 크게 달라졌을 것이다.

이진영도 자신을 버렸다. 이진영은 3 대 1로 앞선 8회에 2사 2, 3루

때 타석에 들어섰다. 볼카운트가 0-2인 상황에서 이와타가 던진 바깥쪽 낮은 커브를 그저 바라만 보았다. 정황상 상대 투수가 스트라이크를 던질 확률이 매우 높은 시점이었다. 이진영은 하나만 더 치면 그 경기에서 영웅이 될 수 있는 찬스였음에도 이러한 유혹을 참아냈고, 볼넷을 얻어 만루를 만들었다. 야구팬들은 밀어내기 볼넷을 얻어낸 다음 타자 이범호에게 더 많은 박수를 보냈다. 하지만 이진영의 희생이 없었다면 이범호의 밀어내기 득점은 언감생심 꿈도 꾸지 못했을 것이다.

결정적인 찬스에서 욕심을 버리고 다음 타자에게 연결해주기란 말처럼 쉽지 않다. WBC처럼 최고 선수들로만 구성된 대표팀에서는 더욱 그렇다. 큰 것 한방을 날리면 단숨에 강한 이미지를 심어줄 수 있기 때문이다. 홈런에 욕심이 있을 때는 마음을 비우기가 더 힘들다. '타격왕은 벤츠 타고 홈런왕은 캐딜락 탄다' 는 메이저리그 속설도 그래서 나온 것이다.

욕심이 앞서면 나쁜 공에 방망이가 쉽게 나가기 마련이다. 반대로 다음 선수가 해결해줄 수 있다는 믿음과 희생정신이 있으면 진루할 확률이 그만큼 높아진다.

사람이 먼저고 그 다음이 전략이다

경기 당시 김인식 감독은 물론 누구도 선수들에게 희생을 강요하지는 않았다. 그렇지만 선수들은 나 혼자가 아닌 함께하기를 선택했다. 자신들을 존중하는 김인식 감독의 따뜻한 인간미에 자진해서 희생을 한 것이다.

한국 선수들은 하나가 되어 이기는 법을 잘 알고 있었다. 김 감독도 "미국과 중남미 선수들은 나쁜 볼도 무조건 친다. 때려서 주자를 불러들여야 연봉이 올라가니까. 그런 점에서 (희생정신을 발휘한) 우리 선수들이 훌륭하다"고 하면서 "메이저리거보다 우리 선수들이 낫다"며 칭찬을 아끼지 않았다.

경영의 귀재로 불리는 잭 웰치 GE 전 회장도 《끝없는 도전과 용기》란 저서에서 사람의 중요성에 대해 강조한 바 있다.

"슬로건이나 연설만으로는 아무것도 변화시킬 수 없다. 필요한 곳에 적당한 사람을 배치함으로써 변화가 가능하다. 조직에서 가장 중요한 것은 사람이다. 사람이 먼저고 그 다음이 전략이다(People first, strategy next)."

경영자들은 항상 조직이 먼저냐, 사람이 먼저냐를 놓고 고민한다. 야구 감독도 마찬가지로 선수가 우선이냐, 팀 성적이 우선이냐를 놓고 저울질을 한다. 특히 대표팀처럼 급조된 팀에서는 좋은 선수를 뽑아야 좋은 성적을 낼 수 있다. 기량이 뛰어난 선수를 선발해도 그들의 마음을 얻지 못하면 좋을 성적을 낼 수 없다. 그러니 마음을 얻는 것이 먼저고, 선수의 적재적소 배치는 그 다음이다.

이순신이 명량대첩에서 13척의 배로 일본 대군을 물리친 것도 사람을 존중하는 마음이 있었기 때문이었다. 병사와 백성들에게 뜨거운 존경과 열정을 이끌어내지 않았다면 영웅 이순신은 탄생하지 못했을 것이다. 김인식 감독도 선수들의 마음을 얻었기 때문에 영웅이 될 수 있었다.

그는 오늘도 "사람에게 맞는 전략을 짜야 한다"고 입버릇처럼 말하고 있을 것이다. 이번 대회에서도 그의 소신은 변함이 없었다. 그는 6명의 코칭스태프도, 28명의 선수도 승리의 도구로 삼지 않았다. 항상 선수를 존중하는 경기 운영을 했다. 그래서 김인식의 야구는 사람을 먼저 생각하는 '휴먼 베이스볼', 즉 '인화(人和)의 야구'다.

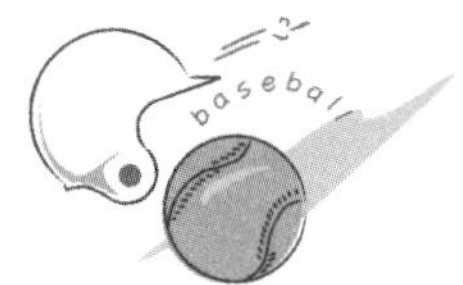

사람과 사람을 이어주는 용병술

김 감독은 준결승인 베네수엘라전에서도 필승계투조를 가동했다. 선발 윤석민이 6.1이 닝을 2실점으로 막자 김 감독은 정대현, 류현진, 정현욱, 임창용을 잇달아 올려 베네수엘라 타자들의 공격을 완벽하게 막아냈다. 베네수엘라 벤치는 한 박자 빠른 김 감독의 투수교체에 미처 대응하지 못하고 우왕좌왕했다.

Part 3

신출귀몰 김 감독!
– 제갈공명도 울고 갈 용병술

"**프**로감독을 몇 년 하고 나면 돗자리를 깔아도 굶어죽지 않는다." 프로야구판에 떠도는 우스갯소리 가운데 하나다. 그만큼 프로야구 감독들이 사람들을 많이 상대하고, 판단할 일도 많다는 뜻일 것이다. 실제로도 짧은 대화만으로 상대방의 의중을 정확히 꿰뚫는 프로야구 감독이 많다.

국내 프로야구팀은 보통 1군과 2군을 합쳐 약 60~70명의 선수를 보유하고 있다. 다른 스포츠에 비해 선수 숫자가 상당히 많은 편이다. 프로야구 1군 감독은 70명에 가까운 선수들을 관리하는 총 책임자다. 선수들의 기량 점검은 기본이고, 사생활, 훈련, 컨디션 등을 꼼꼼히 확인하여 경기운영에 반영한다. 물론 각 분야별로 코치도 있고, 2군은 감독도 따로 있지만 최종 책임자는 1군 감독이다. 프로야구 감독에게 혜안(慧眼)이 생길 수밖에 없는 이유다.

김인식 감독은 선수를 보는 눈이 뛰어난 감독 가운데 한 명이다. 여기에 타의 추종을 불허하는 용병술까지 갖췄다. 선수들을 적재적소에 배치해 최상의 결과를 얻어내는 능력이 탁월하다는 말이다.

용병술을 얘기할 때, 2002년 월드컵에서 한국을 4강에 올린 히딩크 감독을 빼놓을 수 없다. 히딩크 감독은 한국 축구대표팀, 러시아 대표팀을 거쳐 현재 첼시에서도 뛰어난 용병술을 보여주고 있다. 단, 히딩크와 김 감독이 선보이는 용병술의 색깔은 약간 다르다. 김 감독이 선수 모두에게 확고한 믿음을 주는 데에서 출발하는 반면, 히딩크는 마지막까지 선수의 경쟁심을 부추기는 용병술을 선보인다. 김 감독의 용병술이 훨씬 인간적이라고 할 수 있다.

신들린 용병술로 WBC를 지배하다

김 감독은 이번 WBC에서도 감탄할 만한 용병술을 선보였다. 8강에 들어갈 전력도 안 된다고 평가받던 한국 대표팀을 특유의 용병술을 발휘하여 결승까지 올렸다. 국내외 언론들은 이번 WBC 기간 동안 '신들린 용병술', '족집게 용병술', '제갈공명도 울고 갈 용병술'이라며 김 감독에게 찬사를 쏟아냈다.

이번 대회에서 김 감독이 보여준 용병술은 2006년 1회 대회 때와는 조금 다르다. 1회 대회 때에는 자율야구를 추구하여 타순에 큰 변화를 주지 않고 주로 선수들을 믿고 맡기는 작전을 펼쳤다. 이는 박찬호, 서재응, 최희섭 등을 비롯한 메이저리그 출신과 이승엽 등 뛰어난 선수들이 많았기 때문에 가능한 작전이었다.

2006년 1회 때 선보인 김 감독의 대표적인 용병술을 소개한다. 3월 13일에 치러진 미국전이었다. 3 대 1로 경기를 리드하고 있던 2사 후 한국은 김민재의 2루타와 이승엽의 고의 4구로 1, 2루의 찬스를 잡았다. 이때 다음 타자는 김태균이었는데, 김 감독은 타임을 부르고 다저스 소속이던 최희섭을 대타로 내보냈다. 당시 대표팀의 유일한 현역 메이저리거였던 최희섭은 클린업트리오에 계속 포진했지만 좀처럼 장타력이 나오지 않았다. 1라운드에서는 3경기에서 11타수 3안타에 그쳤고, 2라운드 멕시코전에서도 무안타를 기록했으며, 미국전에서는 스타팅에서 빠져 심각한 슬럼프에 빠진 상태였다.

이런 와중에 김 감독은 최희섭을 투입하는 모험을 했는데, 결과는 대성공이었다. 미국 투수의 장단점을 잘 파악하고 있었던 최희섭을 적절한 찬스에 투입한 김인식 감독의 의도가 그대로 적중했던 것이다. 최희섭은 미국 투수 댄 휠러를 상대로 우측 담장을 살짝 넘기는 3점포를 때려 승부에 확실한 쐐기를 박았다.

제2회 WBC에서 김인식은 앞선 경험을 바탕으로, 평소 자신의 스타일이 아닌 다른 용병술을 선보였다. 경기 때마다 타순을 조정하

김인식 감독은 위기 때마다 다양한 작전으로 상대 팀의 혼을 빼놓는 것으로 유명하다. 1회 대회 때 경험이 많은 선수들이 많아 자율야구를 추구했다면, 이번 대회는 치밀하게 라인업을 구성해 승리하였다. 사진은 정근우가 대만 선수의 투수 땅볼을 연결받아 2루에 오는 주자를 아웃시킨 뒤 더블플레이를 성공시키기 위해 1루로 송구하고 있는 장면이다.

고, 대타와 대주자를 기용하는 다양한 작전을 펼쳤다. 심지어 클린업트리오도 수정하는 결단을 내렸다. 당초 구상은 추신수, 김태균, 이대호였다. 그런데 추신수와 이대호가 부진하자 중심타선을 새로짜 김현수를 3번, 김태균을 4번에 배치하고 나머지 타순은 상황에 따라 변화를 주었다. 좀처럼 클린업트리오에 손을 대지 않는 김 감독의 성향을 감안하면 무척 파격적인 일이었다.

1라운드에서 1위를 차지한 한국은 2라운드에서 강호 멕시코, 일본, 베네수엘라를 연달아 꺾었다. 이 과정에서 김 감독의 용병술은 척척 들어맞았다. 한마디로 귀신도 울고 갈 용병술이었다.

먼저 2라운드 첫 경기였던 16일 멕시코전에서 선보인 김 감독의 용병술을 살펴보자. 김 감독은 1라운드에서 부진했던 이종욱 대신 이용규를 톱타자로 세우고, 고영민을 대수비로 기용했다. 이용규는 2타수 2안타 1도루로 팀 승리의 발판을 놓았고, 고영민은 5회 말 4 대 2의 상황에서 솔로 홈런을 터트려 우리 팀의 상승세에 기름을 끼얹었다. 수비가 불안했던 이대호 대신 스타팅으로 나온 이범호도 깔끔한 수비와 더불어 홈런까지 터트려 팀 승리의 일등공신이 되었다.

이날 김 감독은 승부처에서 보내기 번트, 더블 스틸 등 다양한 작전을 구사하여 멕시코 벤치의 혼을 빼버렸다. 카스티야 감독은 "한국 야구는 지금까지 본 적이 없는 새로운 야구"라며 놀라워했다.

김 감독은 이미 9일에 있던 1라운드 순위결정전에서 탁월한 용병술로 일본을 울린 바 있었다. 선발로 예상했던 류현진 대신 LG에서 마무리 투수로 뛰던 봉중근을 등판시켰다. 봉중근의 경험을 높이 평가한 것이었다. 18일 일본과의 4강 결정전에서도 그의 용병술이 빛났다. 톱타자에는 멕시코전에서 맹활약한 이용규, 우익수에는 이진영을 기용했다. 좌타자인 이용규와 이진영을 스타팅으로 내세운 이유 중에는 일본 선발인 다르빗슈가 오른손 투수인 점도 있었다.

이용규는 1회 안타로 출루한 뒤 다르빗슈가 정근우를 상대로 초구를 던지는 순간 2루 기습 도루에 성공했다. 무사 2루 득점 찬스를 만든 이용규는 3번 김현수의 내야 땅볼 때 홈을 밟아 선취점을 올렸다. 이진영은 1 대 0으로 앞선 1회 말, 1사 만루에서 다르빗슈의 직구를 밀어쳐 3 대 0으로 달아나도록 2타점 적시타를 때렸다.

9회 말에는 김 감독의 수비 시프트가 특히 인상적이었다. 9회 말에 무사 1루에서 김 감독은 1루주자 이나바에 대한 견제를 포기하고 1루수 김태균에게 정상 수비를 주문했다. 마침 후쿠도메가 친 타구가 김태균의 글러브 속으로 그대로 빨려 들어갔다. 타구가 빠졌더라면 승리를 장담할 수 없는 상황에 몰릴 뻔한 순간이었다.

하라 일본 대표팀 감독은 "김인식 감독은 야구 등 모든 면에서 나보다 경험이 뛰어나다"면서 그에게 존경심을 보였다. 또 대회가 끝난 뒤 일본 후지TV와의 인터뷰에서는 "한국은 두 번 다시 붙고 싶지 않은 팀"이라면서 꼭 김 감독에게 전해달라고 말하기도 했다. 우승을 차지했지만 김 감독의 용병술 때문에 하라 감독이 얼마나 심한 압박을 받았는지 잘 보여주는 말이다.

김 감독이 보여준 용병술의 하이라이트는 22일 베네수엘라와 가진 준결승전이다. 선발 타순, 대주자 교체 등 모든 것이 신기하리만큼 잘 맞아떨어졌다. 1, 2라운드에서 홈런 3방을 터트린 이범호 대신 추신수를 6번 타자로 기용한 것이 신들린 용병술의 시작이었다. 이범호는 샌디에이고에서 2라운드가 열린 LA로 이동한 뒤 감기몸살

증세가 심해졌다. 멕시코전(16일)과 일본전(20일)에서 홈런을 때린 이범호가 컨디션 난조를 보이자 김 감독은 혼란스러웠다. 고심 끝에 이범호 대신 최정을 3루수로, 추신수를 선발 우익수 겸 6번 타순에 기용했다.

최정을 기용한 것은 3루 수비를 단단히 하기 위한 고육지책이었다. 추신수는 선발인 실바 등을 비롯하여 베네수엘라 마운드가 대부분 메이저리거인 점을 감안한 선택이었다. 아무래도 메이저리그 경험이 많은 추신수가 한방 해줄 것 같은 예감이 들었던 모양이다.

추신수는 왼쪽 팔꿈치 통증으로 1, 2라운드에서는 지명타자나 대타로만 나섰다. 타격감이 여전히 들쭉날쭉해서 베네수엘라와의 준결승전 출장도 불투명한 상태였지만, 김 감독은 추신수의 능력을 믿었다. 그리고 추신수는 감독의 기대에 부응이라도 하듯 1회에 다저스타디움 가운데 펜스를 넘기는 3점포를 쏘아 올려 결승전행에 큰 역할을 했다.

7 대 0으로 앞서고 있던 1사 1, 2루에서 수비 때 2루수 정근우 대신 고영민을 대수비로 투입한 것도 적중했다. 고영민은 7 대 1이던 4회 초에 선두 타자로 나가 좌익수의 키를 넘기는 2루타로 출루했다. 계속된 1사 1, 2루에서 상대 1루수 미겔 카브레라가 포수 견제구를 놓치자 그사이에 홈을 밟았다.

김 감독은 8 대 1로 앞선 6회 1사에서 마지막 용병술을 선보였다.

김현수가 좌전 안타를 때리고 진루하자 이종욱을 대주자로 기용했다. 3타수 3안타의 맹타를 휘두른 김현수 대신 이종욱을 투입해 외야수비를 강화하겠다는 계산이었다. 이종욱은 2루 훔치기에 성공했고, 이어 이대호의 적시타, 최정의 희생플라이로 2점을 더 뽑으면서 승리를 결정지었다.

마침내 세계를 호령하다

대표팀 사퇴로 마음 아파했던 박찬호도 한국이 베네수엘라를 누르고 결승에 진출하자 자신의 일처럼 기뻐했다. 그는 자신의 홈페이지에 글을 올려 김 감독의 용병술과 후배들의 활약에 찬사를 보냈다.

"후배들의 선전에 감동 먹고, 한인들의 응원에 감동 먹고. 내 안에는 감동이 가득합니다. 저렇게 잘하는 선수들을 두고 감독님은 왜 그렇게 염려를 많이 하셨는지 모르겠습니다. 혹시 선수들이 감독님의 마법에 걸린 건 아닐는지요."

김 감독의 귀신같은 용병술은 미국 야구팬들의 마음까지 움직였다. 미국 LA 카슨시는 WBC 준우승으로 한국계 미국인들에게 자부심을 심어준 김 감독에게 명예시민증을 선물하기도 했다. 또 대회기간 중에는 미국 현지에서 김인식 감독의 사인이 담긴 사진이 불티나

코리안 특급 박찬호는 "WBC에서 잘하고 소속팀에서 잘할 자신이 없다. 죄송하다"며 눈물의 국가대표 은퇴를 발표했다. 하지만 그는 경기 내내 자신의 홈페이지에 선수들을 응원하면서 밤잠을 설칠 정도였다고, "선수들이 감독님의 마법에 걸린 것 같다"는 그의 말 속에 기쁨과 안도가 모두 배어 있는 듯하다.

게 팔리기도 했다. 김 감독은 "준결승이 끝나고 사람들이 사진을 몇 장 들고 와서 사인을 요청해왔어. 그런데 너무 잘 나온 사진인 거야. 일단 사인을 해주기는 했는데, 일반인이 저렇게 사진을 잘 찍나 해서 알아보니까 사인받은 사진을 팬들에게 판매하는 사람이더군. 그게 당시에는 그렇게 많이 팔렸나봐"라며 그때를 회상했다.

유방이 중국 한(漢)나라의 고조가 된 것도 용병술 덕택이었다. 중국을 통일한 진나라가 멸망하고 항우가 패왕이 됐지만, 결국 유방이

천하를 재통일했다. 가난한 농부의 아들인 유방은 명문가 출신인 항우와는 여러 가지 면에서 비교도 되지 않는 열악한 환경에 있었지만 한신, 장량, 소하 같은 뛰어난 인재를 적재적소에 배치하는 용병술로 최후의 승자가 되었다.

김인식 감독도 마찬가지였다. 추신수, 김태균 등의 선수들을 상황에 맞게 기용하는 용병술로 마침내 세계를 호령한 것이다.

믿음의 야구
– 큰 경기에 강하다

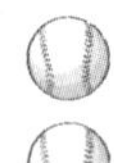

김인식 감독은 믿음의 야구를 한다. 그의 야구는 선수 선발이든, 경기 운영이든 모두 선수를 중심으로 생각한다. 자신의 능력보다는 선수에 대한 믿음에 더 큰 비중을 두는 지도자다. 그래서 선수를 선택할 때도 신중하다. 절대로 자신의 감에만 의존하지 않고 다른 사람들의 의견을 폭넓게 수용한다.

김 감독은 선수를 신뢰하고 여러 번의 기회를 주지만 다양한 방법으로 그들을 시험한다. 가능성 있는 선수와 그렇지 않는 선수를 구별하기 위해서다. 김 감독은 가끔 스타선수를 중용하다는 오해를 받기도 하지만 아무리 프랜차이즈급 스타선수라고 해도 성실하지 않으면 절대 믿지 않으며, 학연이나 지연, 친분 등에 얽매이지 않는다. 그래서 김 감독은 항상 바쁘다. 뇌경색 후유증으로 몸이 불편하지만 그의 눈은 언제나 선수들을 주시하고 있다.

그의 믿음에는 원칙이 있다. 한번 믿은 사람은 끝까지 믿는다. 이는 '의심스러운 사람을 쓰지 않고, 쓴 사람은 절대 의심하지 않는다'고 한 삼성 창업주 고 이병철 회장의 경영이념과 닮아 있다.

믿음으로 다시 태어난 선수들

김 감독은 3월 3일 일본 도쿄돔에서 열린 요미우리와의 마지막 평가전에서 새로운 타순을 시험가동했다. 이진영을 3번, 이대호를 1루수 겸 4번, 김태균을 지명타자 겸 5번으로 내세우고 테이블 세터인 1번에는 이택근, 2번에는 고영민을 출전시켰다. 그러나 결과는 기대 이하였다. 요미우리 1.5군을 맞아 단 5안타만 뽑아내면서 0 대 3으로 패했고, 이에 국내외 언론은 대표팀의 전력에 고개를 갸우뚱했다.

그런데 막상 가장 고민해야 할 김 감독은 의외로 태연했다. 이하라 하루키 요미우리 감독 대행이 "한국 타자들이 몸쪽 볼에 약하다"고 평하자 김 감독은 "몸쪽 볼에 짠 메이거리그 심판들이 구심을 보는 2라운드에서는 일본 투수들이 몸쪽 볼로 승부를 안 할 것이다"라고 응수했다.

연습경기에서 김 감독은 하와이 전지훈련 때부터 컨디션 난조를 보인 투수 황두성을 유심히 관찰했다. 그날도 황두성이 1이닝 2안타 1실점으로 부진하자 장고에 들어갔다. 마침내 김 감독은 황두성 대신 임태훈을 최종 엔트리에 포함시키는 결단을 내렸다.

추신수의 베네수엘라전 3점포는 선수를 끝까지 믿는 김 감독 최고의 작품이다. 추신수는 갑자기 찾아온 팔꿈치 통증으로 대회 직전까지 타격 컨디션이 엉망이었다. 김 감독은 하와이 전지훈련 전부터 빅리그 경험이 있는 추신수를 3번에 기용할 뜻을 비쳤다.

그러나 김 감독의 기대와 달리 추신수는 좀처럼 부진에서 탈출할 기미가 보이지 않았다. 게다가 클리블랜드 구단관계자들의 제재로 타격훈련조차 마음껏 하지 못했다. 그때까지 추신수는 WBC 주최측으로부터 출전 가능 통보도 받지 못한 상태였다. 김 감독의 속은 바짝바짝 타들어갔다.

그는 1라운드 엔트리 교체 마감일을 앞두고 명쾌한 결론을 내렸다. 추신수가 1라운드에서 못 뛰는 경우가 있어도 함께 가겠다고 발표했다. 2라운드에서 꼭 필요한 선수였기 때문이었다. 추신수는 대회 당일에야 출전이 가능하다는 통보를 받았다.

추신수는 빠른 볼에 방망이가 따라가지 못했고 자신감마저 서서히 잃어 시간이 갈수록 부담만 늘어가는 상태였다. 추신수는 1라운드 첫 경기인 대만전을 마친 후 메이저리그 데뷔 때보다 더 힘들었다고 말하기도 했다.

2라운드가 열리기 전 1라운드에서 부진했던 추신수가 2라운드 엔트리에 포함되었다고 발표하자, 예상대로 언론에서는 곱지 않는 시선을 보냈다. 그때 추신수는 클리블랜드 구단의 호출을 받고 정밀진단을 하러 갔다. 진단 결과에 따라 출전이 불투명할 수도 있었지만 김 감독은 자신의 결정을 후회하지 않았다. 오히려 "지명타자든, 대타든 꼭 필요한 선수다. 언젠가는 해줄 선수다. 지금도 볼은 잘 보고 있다"면서 추신수에 대한 확고한 믿음을 보여주었다.

클리블랜드 구단에서 추신수가 베네수엘라전부터 외야수 출전이 가능하다는 통보를 해오자 김 감독은 곧바로 그를 선발 우익수에 배치했다.

베네수엘라전에서 추신수는 활짝 피어났다. 그전까지 10타수 1안타였던 추신수의 방망이는 마침내 깊은 잠에서 깨어났다. 2 대 0으로 앞서고 있던 1회에 베네수엘라 투수 실바에게서 큼직한 중월 3점 홈런을 빼앗았다. 빅리그 투수들을 많이 상대한 경험으로 드디어 자신감을 찾은 것이다. 김인식 감독이 예상한 그대로였다.

우익수 겸 5번으로 출전한 일본과의 결승전에서도 추신수는 홈런포를 가동했다. 0 대 1로 뒤진 5회 일본 선발 이와쿠마를 상대로 중월 솔로 홈런을 터트려 동점을 만들었고, 7회에는 아오키의 2루타성 타구를 잡아내는 호수비를 펼쳤다. 9회에 결정적인 찬스에서 삼진으로 물러나기도 했지만 추신수의 활약은 깊은 인상을 남기기에 충분했다. 부진한데도 끝까지 선수를 믿은 김 감독도 대단했고, 그 믿음에 부응한 추신수도 대단했다.

김 감독은 대회 기간 내내 타격이 부진했던 포수 박경완에게도 전폭적인 신뢰를 보냈다. 박경완이 수차례 찬스를 무산시켜도 교체하지 않았다. 당장의 1점보다는 박경완의 능력이 중요했기 때문이다. 박경완은 뛰어난 투수리드력을 갖추고 있어 경험이 부족한 젊은 투수들이 많았던 대표팀에 꼭 필요한 존재였다. 김 감독이 찬스를 살리기 위해 박경완을 뺀 것은 일본과의 결승전 한 번뿐이었다.

유격수 박기혁도 김 감독이 이번 대회에서 발굴해낸 선수였다. 박기혁은 대표팀에 합류하기까지 사연이 많았다. 박진만이 부상으로 엔트리에서 빠지자 김 감독은 박기혁을 주전 유격수로 낙점했다. 그러자 여기저기서 논란이 일었다. 박기혁은 지난해 골든글러브 수상자지만 대표팀 유격수를 맡을 만큼 수비력이 좋은 선수는 아니라는 것이 그 이유였다. 하지만 김 감독은 박기혁에 대한 믿음을 접지 않았다. 손시헌, 나주환 등으로 유격수를 보완해야 한다는 말도 나왔지만 끝내 박기혁을 저버리지 않았다.

막상 경기가 시작되자 박기혁은 안정된 수비로 많은 사람들의 우려를 깨끗이 씻어냈다. 박기혁은 베네수엘라와의 준결승에서 5회 마르티네스의 중전안타성 타구를 다이빙캐치하는 명품 수비를 선보였다.

일본과의 결승전에서도 박기혁의 수비는 빛났다. 비록 내야안타가 됐지만 3회 나카지마의 타구를 역동작으로 잡아내는 빼어난 수비를 보였고, 6회에서도 우치카와의 까다로운 바운드 타구를 잘 잡아냈다. 박기혁은 강한 어깨와 폭넓은 수비 실력을 선보여 '국민 유격수' 박진만의 대를 이을 차세대 선두주자로 평가받고 있다.

김 감독은 부진했던 이대호와 이종욱에 대한 믿음도 버리지 않았다. 이대호에 대해서는 "언젠가 해줄 선수다. 추신수와 마찬가지로 결정적일 때 한방 터트릴 것이다"라며 깊은 신뢰를 보였다. 그리하여 이대호를 16일 멕시코전에 지명타자로 출전시키기도 했다. 언론에서 톱타자 이종욱이 1라운드에서 부진하다고 하자 김 감독은 "뭐가 부진해. 잘하고 있구먼" 하며 대수롭지 않게 넘겼다. 일본전 콜드게임 패의 주역 김광현도 계속 중간계투로 활용하는 등 선수에 대한 김 감독의 믿음은 대단했다.

이처럼 김 감독은 부진한 선수를 잘 배려한다. 아무리 부진해도 "결국 사람이 던지는 건데 왜 못 치겠어? 한번 잘해봐"라며 선수들을 끊임없이 격려한다.

자신의 공식 홈페이지를 통해 박찬호도 김 감독의 믿음에 깊은 감명을 받았다고 털어놓았다. 김인식 감독이 1회 WBC 때 부상과 슬럼프에서 빠져나오지 못했던 자신을 뽑아주었고, 잘할 수 있다는 믿음을 주었기 때문에 좋은 경기를 펼칠 수 있었다는 것이다.

믿음 야구의 위력

김인식 감독의 믿음 야구는 2001년 한국시리즈 이후 널리 알려졌다. 당시 두산은 페넌트레이스 3위로 포스트시즌에 진출해서 한국시리즈에서 우승하는 쾌거를 달성했다.

그러나 거기까지 올라가는 데 모든 일이 순탄하지만은 않았다. 현대와의 플레이오프 1차전에서 두산의 홍원기는 결정적인 실수로 역전패의 빌미를 제공했다. 보통 큰 경기는 홈런이나 수비에서 대쪽처럼 승부가 갈리기 때문에 홍원기는 더 이상 출전하기조차 힘든 상황이었다.

그러나 김 감독은 홍원기를 계속 주전 3루수로 기용했다. "괜찮아. 자신 있게 해. 방망이가 터지지 않아서 진 거야"라며 그를 격려했다. 마침내 홍원기는 홈런 3방을 터트리며 우승의 주역이 되었다.

사실 김 감독의 믿음이 없었더라면 두산의 2001년 한국시리즈 제패는 힘들었을 것이다. 한국시리즈의 파트너인 삼성은 그해 8개 구단 중 최고의 전력을 자랑했고, 페넌트레이스 1위로 한국시리즈에 직행해 한결 여유가 있었다. 반면 두산은 준플레이오프와 플레이오프를 거치면서 체력을 많이 소진한 상태였다. 더군다나 삼성의 감독

장원진
37
김경문
74
6
3

은 한국시리즈 9회 진출, 9회 우승이란 금자탑을 세운 '천하의 명장' 김응룡이었다.

누가 봐도 전력면에서는 삼성이 한수 위였다. 두산은 근근이 한국시리즈에 진출했지만 단기전의 필수요건인 에이스급 투수가 없었다. 페넌트레이스에서 겨우 9승씩 올린 진필중과 이혜천이 마운드를 이끌고 있었다.

그러나 결과는 딴판이었다. 두산이 삼성을 4승 2패로 누르고 한국시리즈 우승을 차지하는 기염을 토했다. 자기 팀 선수를 굳게 믿은 김인식 감독이 마침내 거함 김응룡을 쓰러트리는 기적을 연출해낸 것이었다. 경기 후 그는 다음과 같이 말했다.

"(나는) 선수가 실수해도 그냥 놔둔다. 선수가 실수했을 때 바로 교체하면 선수를 불안하게 한다. 감독이 또 바꾸지 않을까 생각하다 보면 발전이 없다. 실수하더라도 다른 것을 익혀 실수를 만회할 수 있도록 기다려주니까 선수들이 좋아지더라."

김 감독이 얼마나 선수를 믿는지 잘 드러나는 말이다.

칭찬은 최고의 전략
– 네가 최고야!

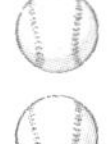

켄 블랜차드의 저서 《칭찬은 고래도 춤추게 한다》에는 칭찬의 중요성이 잘 나타나 있다. 여기에서 저자는 "무시무시한 바다의 포식자 범고래 샴이 관중들 앞에서 멋진 쇼를 펼치는 것은 조련사의 칭찬과 격려 때문이다. 벌을 주는 것은 가장 잘못되고 위험한 행동이다"라고 말한다.

한국인들은 대체로 칭찬에 인색한 편이다. 웬만큼 잘해도 상대에게 칭찬을 잘하지 않는다. 또 젊은 세대보다 중장년들이 칭찬에 더 인색하다. 어릴 때부터 칭찬을 받는 데 익숙하지 않기 때문이다. 말보다는 마음을 앞세우는 유교적인 사상도 칭찬에 인색한 데에 한몫을 한다.

인간에게 칭찬은 최고의 무기가 될 수 있다. 칭찬은 사람을 긍정적으로 만들고, 긍정적인 사람은 창조력을 발휘할 수 있다.

세계 최고 부자인 마이크로소프트사의 창업자 빌 게이츠는 어릴 때 부모에게 잔소리를 거의 듣지 않았다고 한다. 부모는 그가 무슨 일을 해도 "잘했다"는 칭찬부터 했다는 것이다. 빌 게이츠는 부모의 칭찬을 자양분 삼아 세계 최고의 갑부가 됐다.

부모들이 잔소리를 너무 많이 하면 아이들의 창의력 발전에 좋지 못한 영향을 미친다. 인간은 자신이 정한 기준에서 어긋났을 때 습관적으로 잔소리를 하기 때문에 그 속에는 사람을 고정관념에 얽매이게 하는 요소가 다분히 포함되어 있다. 이런 고정관념이 창의적인 사고를 가로막는 것이다.

칭찬의 힘

요즘은 개인주의적 성향이 강한 선수들이 많다. 이런 신세대 선수들을 지도하려면 아무래도 벌(비난)보다는 칭찬이 효과적일 것이다. 그런데 국내 스포츠 지도자들은 아직도 칭찬보다는 비난을 선호하는 경향이 있다. 당장 효과를 볼 수 있기 때문이다.

김인식 감독은 또래 세대들과 달리 칭찬에 후한 편이다. 선수는 물론이고, 승부를 겨루어야 하는 상대 감독에게도 칭찬을 한다. 선수들이 실수를 하더라도 눈을 질끈 감고 돌아서 버린다. 그리고 실수한 선수가 잘하면 반드시 칭찬을 한다.

그런데 그의 칭찬에는 원칙이 있다. 선수 당사자에게 직접 하기보다는 간접적으로 하는 편이다. 코치나 언론을 통해 공개적으로 칭찬하는 것을 선호한다. 모두에게 알리는 공개적인 칭찬이 훨씬 큰 효과가 있다고 판단하기 때문이다.

젊은 선수들은 비난보다는 칭찬에 익숙하다. 어릴 때부터 지나칠 만큼 부모들의 과잉보호를 받으며 자란 선수들이 대부분이기 때문이다. 과잉보호를 받으며 자란 선수들은 버릇이 없다. 상스러운 표현을 빌리자면 소갈머리가 없는 것이다. 그래서 요즘 선수들은 조금만 지적을 받아도 자신의 의지를 쉽게 꺾어버리는 경향이 있다. 그래서 신세대 지도자들은 구세대 지도자와 달리 선수들에게 비난보다는 칭찬을 많이 한다.

이번 WBC에서도 김 감독은 선수선발 때부터 칭찬을 앞세웠다. 부진한 선수가 있어도 "잘할 것이다. 능력이 있는 선수다"라며 칭찬을 아끼지 않았다. 멕시코전이 끝난 뒤 언론과의 인터뷰에서 "교체로 들어간 선수가 홈런도 치고 잘했다. 나의 작전이 아니라 선수들 때문에 승리했다"면서 모든 공을 선수들에게 돌렸다. 그날 경기에 대수비로 들어가 홈런을 치는 등 맹활약한 고영민에 대한 칭찬도 잊지 않았다.

김 감독은 김광현이 일본전에서 콜드게임 패를 당한 뒤에도 그를 비난하지 않았다. "앞으로 10년간 한국 야구를 이끌어갈 선수다. 그의 기량은 최고다"라며 오히려 칭찬을 아끼지 않았다. 대부분의 감독은 그런 상황에서 선수를 칭찬할 여유를 갖지 못한다. 김 감독도 일본에 콜드게임 패를 당해 속이 편할 리 없었겠지만 선수를 칭찬하는 여유를 보여주었다. 칭찬은 대표팀 선수들을 긍정적으로 만들었고, 선수들의 긍정적인 자세는 준우승의 원동력이 되었다.

김 감독이 지휘봉을 잡은 2005년에 한화는 막막했다. 병풍파동 여파로 팀의 간판타자였던 이영우와 좌투수 박정진이 입대했다. 내야수 황우구는 은퇴했고, 마무리 권준헌마저 부상으로 출전이 어려운 상태였다. 영락없는 꼴찌 후보였다.

지난해 7위 팀의 저력(?)이 시즌 초반부터 드러나기 시작했다. 하위권을 맴돌면서 좀처럼 부진 탈출의 돌파구를 마련하지 못한 것이다. 하지만 이후 한화는 사람들의 예상을 깨고 4위로 포스트시즌에 진출했다. 그 원동력은 선수들을 향한 김 감독의 칭찬의 힘이었다.

김 감독은 그해 기아에서 방출된 무명의 외야수 김인철을 데리고 왔다. 어깨가 강하고 발도 빨라 아직은 쓸 만하다는 게 그 이유였다. 야구를 접고 장사를 하던 김인철은 김 감독의 칭찬에 다시 방망이를 잡고 용기를 얻어 재기에 성공했다. 타격부진으로 SK에서 한화로 트레이드된 조원우도 김인철과 비슷한 케이스였다.

김 감독은 2004년 말 방출당할 뻔했던 지연규를 "공이 참 좋던데.

2005년 꼴찌팀 한화는 사람들의 예상을 깨고 4위로 포스트시즌에 진출했다. 다른 팀에서 방출된 선수를 데리고 와서 다시 방망이를 쥐어주고 재기에 성공시켰고 팀도 함께 성장했다. 칭찬한마디에 선수의 기량이 180도 달라진다는 것을 그는 처음부터 알고 있었던 듯하다.

더 던질 수 있다"며 마무리 투수로 전격 기용했다. 그전까지 지연규의 성적은 6승 16패 3세이브 방어율 7.63이었다. 그런데 2005년에는 20세이브 방어율 2.92라는 놀라운 성적을 기록했다. 불과 3개월

의 재활을 거쳐 전성기에 버금가는 기량을 되찾은 조성민도 김 감독
의 칭찬이 아니었다면 재기가 불가능했을 것이다.

"선수는 날마다 완벽한 경기를 하지는 못한다. 이럴 때 꾸중하고
책임을 묻는 건 옳지 않다. 다소 실수가 있어도 안심하고 분발할 수
있도록 칭찬하고 격려하는 자세가 중요하다. 실수할 때마다 혼내
면 감독 앞에서만 잘하는 체하고 뒤돌아서면 똑같은 실수를 되풀
이한다."

김인식 감독의 이 말에서 칭찬을 중요시하는 그의 생각이 묻어
난다.

칭찬 한마디에 엇갈리는 운명

현역 시절 아무리 뛰어난 활약을 했어도 반드시 좋은 지도자가 되
는 것은 아니다. 프로야구에는 명선수 출신이 좋은 지도자가 된 예
가 극히 드물다. 미국과 일본도 비슷하다. 한국 프로야구도 불세출
의 스타를 많이 배출했다. 그런데 이들 가운데 현역 지도자는 손에
꼽힐 정도이다. 스타선수들은 모든 것을 자기 기준으로 보는 성향이
강해 실력이 떨어지는 선수를 잘 이해하지 못한다. 그래서 지도자로
성공하지 못하는 경우가 많다.

한국 야구 최고의 스타인 선동열 삼성 감독도 칭찬을 최대 무기로

삼는 감독 중 한 명이다. 국내 최고 마무리로 자리매김한 오승환도 선 감독의 칭찬이 만들어낸 작품이다. 선 감독은 김응룡 감독 밑에서 수석코치로 지도자 연수를 한 뒤 2005년에 삼성의 지휘봉을 잡았다. 그는 묵직한 직구가 일품인 오승환에게 많은 애정을 쏟았다. 그렇다고 무작정 칭찬만 한 것은 아니었다.

처음에는 "볼이 빠르기만 하지 변화구 구사 능력이 없다. 그런데 가능성이 있다"며 오승환을 자극하는 말과 함께 살짝 칭찬을 곁들였다. 오승환은 대선배이자 존경하는 인물인 선 감독이 칭찬하자 신바람이 절로 났다. 그 후 선 감독의 지도를 충실히 따랐고, 그해 방어율 1.18에 26세이브로 신인왕에 올랐다. 오승환은 2006년부터 내리 3년간 세이브왕을 유지했고, 2006년에는 한국 최다 세이브 신기록(47)을 세우기도 했다.

이처럼 칭찬의 힘은 실로 대단하다. 스포츠 선수들은 지도자의 칭찬 한마디에 운명이 엇갈리곤 한다. 특히 야구는 정신적인 요소가 강한 스포츠다.

대표적인 사례가 현재 LG트윈스 2군에서 육성군 코치로 있는 서용빈이다. 서용빈은 단국대를 졸업하고 1994년 서울의 인기 구단인 LG에 입단했지만 주목을 받지 못한 선수였다. 입단 동기인 유지현, 김재현 등 쟁쟁한 스타들에게 묻혀 있었고 신인 드래프트 순위도 하위권이었다.

1994년 일본 프로야구의 타격왕 출신인 장훈이 타격 인스트럭터로 LG선수들을 잠시 지도한 적이 있었는데, 그때 장훈은 서용빈을 눈여겨보았다. 그리고 "저렇게 스윙폼이 부드러운 선수는 처음 봤다. 성장 가능성이 충분한 선수다" 하며 서용빈에 대한 칭찬을 아끼지 않았다.

서용빈은 타격의 신으로 불리는 대선배 장훈의 한마디에 힘을 얻었고, 그리하여 손바닥에 물집이 잡힐 정도로 방망이를 휘둘러 그해 팀 우승의 주역이 됐다. 무명의 신인이 장훈의 말 한마디에 그해 골든글러브를 거머쥐는 등 특급 선수로 발돋움한 것이다. 그 후 서용빈은 약 10여 년간 LG에서 중심타자의 역할을 했다.

선진 야구 최대의 전략

삼성은 8개 구단 가운데 선진 야구 특히 미국 야구를 가장 먼저 받아들인 구단이다. 프로야구 출범 초창기인 1985년 LA다저스 스프링캠프지인 플로리다 베로비치 다저타운에 스프링캠프를 차려 훈련을 하기도 했다. 그 후에도 1990년대 중반까지 몇 차례나 더 다저타운에서 전지훈련을 했다.

그때 삼성은 선진 야구를 익히기 위해 전지훈련 기간 동안 다저스 코치들을 초빙했다. 처음에는 말도 통하지 않는데 제대로 배울 수 있겠느냐는 우려가 많았지만 그것은 기우에 불과했다.

다저스 코치들의 지도법은 색달랐다. 선수들이 실수를 해도 연신 '굿(good)', '엑설런트(excellent)'를 외쳤다. 처음에는 못하는데도 자꾸 칭찬을 받으니 쑥스러워하던 선수들도 시간이 갈수록 칭찬의 매력에 빠져들었다. 국내 코치들에게 꾸중만 듣다가 칭찬을 들으니 신바람이 절로 났던 것이다.

그 당시 미국 전지훈련에 참가했던 선수들은 미국 코치들 덕분에 기본기가 많이 향상됐다. 그때 미국 야구를 접했던 삼성 출신들은 현재 아마와 프로에서 지도자로 변신하여 후배 양성에 뛰어난 능력을 보이고 있다. 당시 삼성 선수였던 SK의 김동재 코치는 "정말 신선한 충격이었다. 지금도 그때 배운 코칭법을 잘 활용하고 있다"고 말했다.

만약 박찬호가 한국 프로야구를 거쳤다면 특급 메이저리거가 될 수 있었을까?

92학번에는 박찬호를 비롯하여 임선동, 조성민, 손경수, 차명주 등 기량이 출중한 투수가 많았다. 그런데 데뷔 당시에는 그들 중 박찬호가 제일 낮은 평가를 받았다. 볼 스피드는 국내 최고였지만, 제구력이 형편없다는 말이 많았다. 국내 선수 가운데 스피드만 빠르고 제구력이 들쭉날쭉한 선수가 성공한 사례는 당시 전무하다시피 했다. 그들은 1, 2군을 오락가락하다가 뜻을 펴지도 못하고 영원히 사라지고 마는 경우가 대다수였다.

　국내에서 평가절하당하던 박찬호는 1994년에 한양대를 중퇴하고 메이저리그 LA다저스에 입단했다. 체계적인 선수육성 프로그램에 따라 훈련을 한 결과 고질이던 제구력도 크게 향상됐다. 특유의 빠른 볼에 제구력까지 갖춰 마침내 메이저리그 마운드를 정복했다. 야구 전문가들은 칭찬을 앞세우는 미국 코치들의 지도방법이 박찬호 성장의 밑거름이 됐다는 데 아무도 이의를 달지 않는다. 국내 지도자들이 미국처럼 꾸중보다 칭찬으로 선수들의 의욕을 북돋아줬다면 자신의 꿈을 꽃피우지도 못하고 사라지는 선수들이 좀 더 줄지 않았을까?

마운드 운영의 마술사
– 기막힌 투수교체 타이밍

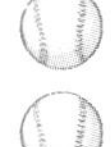

야구는 투수 놀음이다. 강팀의 필수조건은 투수력이다. 장기 레이스인 페넌트레이스를 운영하기 위해서는 반드시 투수력이 풍부해야 한다. 에이스급 투수 한두 명을 보유하면 수월하게 팀을 운영할 수 있는 것이다.

페넌트레이스에서 팀 타선은 부진과 회복을 반복하는 사이클을 그린다. 화끈하게 치다가도 한순간 슬럼프에 빠진다. 중심타자들이 부진하면 팀 타선이 갑자기 집중력을 잃고 팀은 연패에 빠진다. 그리고 연패를 끊어내려고 무리하게 마운드를 운영하면 그 후유증은 나중에 반드시 나타난다. 그때 한 경기를 확실히 책임져줄 투수가 있으면 연패를 쉽게 끊어낼 수 있다.

한국시리즈 같은 단기전에서는 투수력이 절대적이다. 에이스급

WBC 같은 단기전은 투수가 강한 팀이 절대 유리하다. 야구는 투수싸움으로 감독의 투수 운영이 중요한 승부처가 된다. 김 감독은 투수 출신답게 투수교체 타이밍에 무척 뛰어나다고 정평이 나 있다. 사진은 대표팀 투수들의 모습이다.

투수를 보유하지 않은 팀이 한국시리즈에서 우승한 예는 드물다. 물론 2001년 두산 등 예외가 있긴 하지만 말이다. 이번 WBC 대표팀 선수 28명 가운데 거의 절반인 13명이 투수인 것만 봐도 투수력이 왜 중요한지 짐작할 수 있다.

마운드를 수놓은 화려한 투수 운영

투수 출신인 김인식 감독은 자타가 공인하는 마운드 운영의 1인자다. 치밀한데다 맥도 잘 짚는다. 투수교체 타이밍은 신도 놀랄 정도다. 이번 WBC에서도 김 감독은 녹슬지 않은 마운드 운영 실력을 선보였다.

당초 김인식 감독은 좌완인 류현진과 김광현을 원투펀치로 내세운다는 마운드 운영을 구상했다. 그러나 김광현이 부진하자 전략을 급히 수정했다. 그들을 중간계투로 돌리고, 우완인 봉중근과 윤석민을 투톱으로 기용한 것이다. 그리고 정현욱을 중간계투로 폭넓게 활용하는 한편, 마무리에는 임창용을 고정했다. 한국 마운드는 투수들의 기량 편차가 큰 편이었다. 하지만 상대에 따라 강약을 조절한 김 감독의 마운드 운영으로 무리 없이 대회를 치를 수 있었다.

김 감독의 신들린 마운드 운영은 톱니바퀴처럼 척척 맞아떨어졌다. 이치로를 완벽 봉쇄하는 등 일본전에서 맹활약한 봉중근은 '봉중근 의사'로 탄생했고, 위기의 순간 특유의 돌직구로 묵묵히 불펜의 핵으로 활약한 정현욱은 '국민 노예'라는 애칭을 얻었다.

이번 대회에서 마운드 운영의 족쇄는 투구 수 제한이었다. 정규시즌 개막을 앞두고 열리는 대회라 투수들의 어깨 보호 차원에서 만들어진 규정이다. 투구 수 규정을 간단하게 언급하자면, 투수가 50개 이상을 던지면 무조건 4일을, 30개 이상 던지거나 이틀 연속 등판하면 하루를 쉬어야 한다. 경기당 투수의 최대 투구 수는 1라운드 70개, 2라운드 85개, 준결승과 결승은 100개로 제한되어 있다.

김인식 감독은 7일 일본전에서 초반에 대량 실점을 한 김광현을 조기에 강판하지 않았다. 이미 진 경기라고 판단하고 무리수를 두지 않은 것이다. 김광현이 8실점 하면서 힘을 소진하자 정현욱을 등판시켰다. 페넌트레이스 때는 괜찮지만 투구 수 제한이 있는 WBC에서 불펜투수를 함부로 썼다가는 나중에 큰 부담이 될 수 있기 때문이었다.

그런데 예상외로 정현욱이 호투를 했다. 150킬로미터의 묵직한 직구로 일본 타자를 압도해나갔다. 김 감독은 정현욱의 가능성을 캐치했다. 투구 수가 14개밖에 되지 않은 정현욱을 재빨리 마운드에서 내렸던 것은 다음 경기를 위한 포석이었다. 김 감독은 대회 전에 "1회에 비해 믿을 만한 불펜투수가 부족하다. 특히 동점이나 한두 점 뒤질 때 투입할 투수가 마땅찮다"며 고민을 많이 했다. 그런데 그 고민을 정현욱이 해결해줄 것으로 판단한 것이다.

9일 일본전에서는 자원 등판한 봉중근을 선발로 기용했다. 봉중근은 5.1이닝 동안 무실점의 호투를 펼쳤다. 지난해 일본 리그에서 21승을 거두며 사와무라상을 받은 이와쿠마에 전혀 굴하지 않고 씩씩하게 볼을 던졌다. 김 감독은 1 대 0으로 아슬아슬하게 리드한 6회에 정현욱을 마운드에 올렸다. 김 감독의 기대대로 정현욱은 묵직한 돌직구로 일본 타자들을 윽박질렀다. 정현욱에 이어 류현진과 임창용이 환상의 계투를 펼치며 경기를 매듭지었다. 결국 한국이

1 대 0으로 승리하면서 이틀 전의 콜드게임 패의 수모를 되갚았다.

16일 멕시코전에서는 달랐다. 김 감독은 2 대 2 동점이던 3회에 2사 1, 2루가 되자 곧장 정현욱을 마운드에 올렸다. 그때 류현진의 투구 수는 65개로 어차피 50개를 넘겨 2라운드에 출전이 불가능했다. 하지만 김 감독은 한 템포 빠른 교체를 택했다. 정현욱과 다른 투수들이 잘 막아줄 것이라고 믿었기 때문이다.

정현욱은 김 감독의 기대대로 좋은 투구를 했다. 그러나 역시 투구 수가 문제였다. 5회에 헤어스턴을 삼진으로 돌려세웠을 때 투구 수가 28개였다.

또 한 번의 결단이 필요한 순간이었다. 당시 스코어가 3 대 2로 언제 뒤집힐지 모르는 상황이었다. 질 수도 있다는 계산을 했다면 불펜에서 가장 구위가 좋은 정현욱을 뺄 수도 있었다. 30개가 넘어가면 하루를 무조건 쉬어야 하기 때문이다. 그렇게 되면 멕시코전에서 질 경우 17일 쿠바와의 패자부활전에 정현욱을 쓸 수 없게 된다. 그야말로 모든 것을 잃을 수도 있는 상황이었다. 김 감독은 정현욱으로 밀어붙이는 승부수를 띄웠다. 그러자 이후 타선이 폭발하며 승리를 따낼 수 있었고, 정현욱은 18일에 있는 일본전 등판도 가능했다.

김 감독은 7회에도 모험에 가까운 투수교체를 했다. 4 대 2로 앞선 무사 1루에서 김광현을 투입했다. 김광현은 7일 일본전에서 1.1이닝

8실점을 한 데다 샌디에이고와의 시범경기에서도 부진했다.

그러나 김 감독은 김광현을 믿었다. 김광현은 최고 148킬로미터에 달하는 직구와 슬라이더로 두 명의 타자를 범타로 막았다. 멕시코가 일본에 비해 김광현에 대한 연구가 부족하다는 것을 이용한 그의 작전이 성공한 것이다.

18일 일본전에서도 김 감독은 상대의 허를 찌르는 투수로테이션을 선보였다. 4 대 1로 앞선 8회 2사 1루에서 윤석민에 이어 김광현을 깜짝 카드로 내세웠다. 김광현은 이미 일본에게 단점을 분석 당한 투수였다.

그러나 김광현은 좌타자 오가사와라를 삼진으로 잡아냈다. 9회에는 이나바에게 안타를 맞았지만 후쿠도메를 땅볼로 처리하고 임창용에게 마운드를 넘겼다. 오가사와라가 좌타자라는 점을 감안하더라도 그 상황에서 김광현을 투입하기란 쉽지 않았다. 김 감독은 일본의 허를 찔렀고 김광현은 곧 자신감을 되찾았다. 그야말로 일석이조의 마운드 운영이었다.

김 감독은 준결승인 베네수엘라전에서도 필승계투조를 가동했다. 선발 윤석민이 6.1이닝을 2실점으로 막자 김 감독은 정대현, 류현진, 정현욱, 임창용을 잇달아 올려 베네수엘라 타자들의 공격을 완벽하게 막아냈다. 베네수엘라 벤치는 한 박자 빠른 김 감독의 투수교체에 미처 대응하지 못하고 우왕좌왕했다.

WBC 1회 대회 때도 김인식 감독은 환상의 투수로테이션으로 팀을 4강에 올렸다. 그러나 일본과의 준결승에서 딱 한 번 어긋났다. 좌타자를 상대하는 불펜투수 구대성이 허리를 삐끗해 김병현을 올린 것이 결국 화근이 됐다. 김병현이 2점 홈런을 허용하는 바람에 한국은 결승 진출이 좌절됐다.

정확한 선수 운영의 원동력

김인식 감독은 특히 중간계투 운영에 뛰어난 재주를 보이고 있다. 선발과 마무리를 이어주는 김 감독 특유의 매끄러운 투수교체는 타의 추종을 불허한다. 두산 감독이던 2001년에 우승한 것도 김 감독의 불펜 운영이 만들어낸 걸작이었다. 그것도 에이스급 투수가 꼭 필요한 포스트시즌에서 우승한 데는 김 감독의 마운드 운영 실력이 큰 몫을 차지했다. 당시 김 감독은 이혜천, 차명주, 이경필, 박명환을 적절히 활용해 정상에 올랐다.

사실 중간계투를 운영하기란 상당히 어렵다. 어떤 타이밍에 어떤 선수를 올려야 할지 순간적으로 판단해야 하기 때문이다. 평소에 자기 팀 선수는 물론이고 상대 벤치의 의중까지 한꺼번에 파악하고 있어야 교체의 맥을 정확히 짚어낼 수 있다.

야구에서는 야수든 투수든 중간에 있는 선수를 어떻게 활용하는 가가 경기를 운영하는 데 있어 가장 중요한 요소다. 중간 선수, 즉 야수는 교체멤버에 해당하고, 투수는 중간계투 선수로 볼 수 있다. 중간에 있는 선수들이 팀 분위기를 망치는 경우가 종종 있기 때문에 적절한 타이밍에 중간에 속하는 선수들을 기용해 불만을 덜어주어야 한다.

김 감독은 투수 조련에도 일가견이 있다. 해태 코치 시절에는 선동열, 이강철, 조계현 등을 조련했고, 쌍방울 감독 때는 조규제, 김원형 등을 길렀다. 마치 미다스의 손처럼 그의 손을 거치면 한결같이 좋은 투수가 됐다.

선동열 삼성 감독도 김인식 감독의 실력을 인정한다. 선 감독은 일본 주니치 시절 부진에 빠지자 해태 시절 사부인 김인식 감독에게 조언을 구했다. 자신의 투구폼을 비디오로 찍어 김 감독에게 보내고 부진의 원인을 찾아달라고 요청한 것이다. 김 감독은 선동열이 보낸 비디오를 보면서 해태 시절 전성기 때와 다른 투구폼을 발견하고 고치라고 조언했다. 선동열은 김 감독의 족집게 과외로 부진에서 탈출할 수 있었다. 유능하다는 일본 코치들의 손을 거쳐도 회복되지 않았던 선동열은 김 감독을 통해 다시 태어나게 되었다.

투수를 보는 김 감독의 뛰어난 눈은 우연의 결과가 아니다. 꾸준히 연구하고 준비한 결과다. 한때 김 감독은 아마야구가 열리는 동대문구장을 자주 찾았다. 야인으로 있을 때는 물론이고 두산 감독

김인식은 한때 선동열의 스승이었다. 선동열이 일본에서 활동했을 당시 살아나지 않았던 투구력을 멀리 한국의 김인식이 코치를 했을 정도였다. 스승과 제자였던 그들이 2006년 WBC에서 감독과 코치로 만나 이야기를 나누고 있다.

시절에도 아마선수들의 경기를 보면서 선수 보는 눈을 길렀다. 아마 선수들의 특성을 잘 알고 있었기에 그만큼 다른 감독들보다 빨리 선수들을 파악하여 잘 조련할 수 있었던 것이다.

낮은 패로 올인하라!
– 두둑한 배짱은 성공의 열쇠

야구는 여성적인 면이 강한 스포츠라고 이야기하는 사람이 있다. 다른 스포츠에 비해 정적인 요소가 강하기 때문일 것이다. 축구나 농구 등 다른 종목의 경우 선수들은 경기가 끝날 때까지 쉴 새 없이 움직인다. 그런데 야구는 다른 종목에 비해 여유가 있다. 경기에 끊김이 많은 편인 야구는 이닝을 끝내면 공수교대를 하고, 타자와 투수 간의 대결에도 시간이 걸린다. 그래서 야구가 여성스런 스포츠라는 평가를 받는 것 같다.

그러나 야구는 절대로 여성스런 스포츠가 아니다. 140~150킬로미터대의 속도로 날아오는 강속구를 방망이로 치는 와일드한 경기이다. 빠른 속도로 날아오는 볼(타구)도 몸을 던져 잡아내야 한다.

만약 150킬로미터의 볼에 맞으면 어떻게 될까? 결과는 뻔하다.

사망 아니면 최소 중상이다. 강한 타구에 맞아도 심한 부상을 입고, 슬라이딩하다가 서로 부딪혀 인대가 끊어지거나 뼈가 으스러지기도 한다. 정말이지 야구는 스포츠 가운데 가장 위험한 한 종목이다. 야구선수들이 헬멧을 쓰고, 보호대를 착용하는 이유가 이를 잘 증명한다.

이처럼 야구선수들은 항상 위험에 노출돼 있다. 그래서 야구선수들에게 필수적으로 요구되는 게 배짱이다. 투수가 몸쪽 볼을 던진다고 겁내는 타자는 절대로 큰 선수가 되지 못한다. 배짱이 있어야 두려움을 극복하고 정상급 선수로 발돋움할 수 있기 때문이다. 그러다 보니 감독들은 선수들에게 유독 배짱을 강조한다.

프로야구에서 배짱이 두둑한 선수가 정상에 올라선 사례는 셀 수 없이 많은데, 대표적인 선수가 바로 이병규다. 이병규는 LG에 입단한 첫해에 "조계현 선배 볼도 별거 아니더라. 충분히 칠 수 있다"는 당돌한 말을 했다. 신인이 대선배를 향해 그런 말을 한다는 것은 정말 대단한 배짱이 있기에 가능한 것이었다.

당시 조계현은 팔색 변화구로 이름을 날리던 정상급 투수였다. 후배에게 한방 맞은 당사자인 조계현의 기분이 상한 것은 물론이고, 언론도 이병규의 배짱보다는 당돌함에만 초점을 맞추어 보도하기에 바빴다. 그 후 그는 프로야구의 공적이 되었고 다른 팀 투수들의 심한 견제를 받았다. 실제로 어떤 투수는 "옆구리에 볼을 던지고 싶을 만큼 이병규가 얄밉다"고 말하기도 했다. 결국 이병규가 조계현에게 사과하면서 사건은 일단락됐지만 이병규는 그 뒤에도 마음고생을 많이 했다. 그러나 이병규는 두둑한 배짱으로 모든 시련을 이겨내고 한국 야구 최고의 외야수로 성장했다. 2006년 말에는 일본 프로야구 주니치로 이적하여 현재도 좋은 활약을 펼치고 있다.

프로야구 감독들도 유독 선수들에게 배짱을 강조한다.

"야! 뭐하는 거야! 맞아도 좋아. 가운데로 팍팍 꽂아 넣어."

"삼진 당해도 좋으니 자신 있게 방망이를 휘둘러."

야구 감독이 습관적으로 하는 말이다. 투수가 위기에 처해 마운드에 올라가서도, 타자가 타석에서 무기력한 스윙을 할 때도 똑같은 말을 한다. 훈련 때도 마찬가지다. 여기에는 선수들에게 자신감을 심어주려는 의도도 있지만 궁극적으로는 배짱을 길러주기 위해서 하는 쓴소리다.

약장 밑에 강병 없고, 용장 밑에 약졸 없다

자신감과 배짱은 일맥상통하는 면이 있다. 언론의 보도에서는 자신감과 배짱을 잘 구별하지 않는 경향이 있다. "자신감으로 위기를 돌파했다"는 말과 "배짱으로 위기를 돌파했다"는 말은 똑같은 의미이다. 그러나 자신감과 배짱은 엄연히 다르다. 사전적 의미로 자신감은 '자신이 있다는 느낌'을 말하고, 배짱은 '조금도 굽히지 않고 나아가는 성품이나 태도'를 뜻한다. 두 단어가 모두 인간의 정신적인 면을 묘사하는 말이지만 배짱이 자신감보다는 훨씬 어감이 강하다.

'약장 밑에 강병 없고, 용장 밑에 약졸 없다'는 속담이 있다. 장군이 배짱이 두둑하고 용기가 있으면 병사들도 저절로 용감하게 된다는 뜻이다. 야구에서도 마찬가지다. 배짱은 선수뿐 아니라 감독에게도 꼭 필요하다. 배짱이 있어야 배짱 있는 선수를 길러내고, 팀을 강하게 만들 수 있다.

페넌트레이스에서는 감독의 배짱 여부가 크게 드러나지 않는다. 야구의 경우 장기레이스에서는 감독보다 선수들에 대한 의존도가 높기 때문이다. 페넌트레이스에서 감독의 능력으로 이길 수 있는 경기는 10승 내외라는 말이 있다. 4위 안에 들어 포스트시즌 진출에 목을 매는 한국에서 10승은 무시하기 힘든 숫자다. 하지만 전체적인 경기 수(133경기)를 감안하면 감독의 영향력이 그리 큰 것은 아니다.

하지만 한국시리즈 등 큰 경기에서는 감독의 능력이 절대적이다. 큰 경기는 기(氣) 싸움이다. 아무리 상대보다 전력이 좋더라도 기 싸움에서 꺾이면 반은 지고 들어가는 것과 똑같다. 그래서 큰 경기에서는 어떤 상황에서도 긴장하지 않는 두둑한 배짱을 소유한 감독이 여러모로 유리하다.

이는 통계적으로도 증명됐다. 지금까지 배짱 없는, 즉 새가슴인 감독이 한국시리즈에서 우승한 예는 거의 없다. 한국시리즈 10회 우승에 빛나는 김응룡 감독(현재 삼성라이온즈 대표이사)을 비롯하여 정상에 오른 대부분의 감독들은 남다른 배짱과 뚝심이 있었다.

반대로 최고의 전력을 보유하고도 매번 한국시리즈 우승 문턱에서 좌절한 모 감독도 있다. 그 감독은 매너가 아주 좋은 덕장이다. 현역시절 출중한 기량을 자랑했고, 야구 이론과 작전도 뛰어난 감독이었다. 그러나 그 감독은 안정 위주로 팀을 운영했다. 고스톱을 쳐도 3점이 나면 스톱하는 스타일이다. 이처럼 이 감독에게는 1퍼센트 부족한 면이 있었는데, 그게 바로 배짱이었다.

승부처라면 보다 배짱 있게…

김인식 감독도 배짱만큼은 누구에게도 뒤지지 않는다. 버릴 땐 과감하지만 낮은 패를 들고도 승부처라고 생각하면 무모할 정도로 밀어붙인다.

9일 일본과의 1라운드 순위결정전은 김 감독이 낮은 패를 들고도 올인한 배짱이 돋보인 경기였다. 일본은 이미 한국을 콜드게임으로 이긴 터라 자신감이 넘쳤다. 기선 제압에 성공했으니 그날도 일본이 승리할 가능성이 높았다. 누가 봐도 한국의 절대적 열세였다.

야구는 정신적인 면이 강한 스포츠다. 라이벌전에서 콜드게임이란 것은 선수들의 사기에 엄청난 영향을 미친다. 분위기상 일본은 이미 절반은 이기고 들어간 것과 진배없었다.

3회까지는 0 대 0의 투수전이었다. 한국은 4회 이종욱의 볼넷, 정근우의 안타로 무사 1, 2루의 첫 번째 찬스를 잡았다. 황금 찬스였지만 일본의 마운드가 워낙 높아 점수를 뽑을 가능성은 희박했다.

다음 타자는 김현수였다. 김현수는 베이징올림픽에서 맹활약을 한 전력이 있었지만 한국시리즈에서 결정적인 순간에 병살타를 남발해 두산 팬들로부터 힐난을 받기도 했다. 그 때문에 21살의 어린 김현수는 심리적으로 많이 위축돼 있었다.

하라 일본 감독은 보내기 번트를 예상해 내야에 전진 수비를 지시했다. 하지만 김인식 감독은 강공으로 밀어붙였다. 승부처라 판단했기 때문이었다. 그러나 기대와 달리 김현수는 파울 두 개를 치더니 헛스윙으로 삼진을 당하고 말았다.

1사 1, 2루 김태균 타석에서도 김 감독은 강공을 고수했다. 김태균은 1구부터 힘차게 휘둘러 파울을 기록하더니 2구째를 쳐 좌전안타로 선취점을 만들어냈다. 양팀의 유일한 점수였다. 김 감독은 모두가 번트로 예상한 타이밍에서 강공이란 패를 빼드는 배짱을 보인 것이다.

반면 하라 감독은 높은 패를 들고도 낮은 배팅을 했다. 8회 1사 후에도 보내기 번트 작전을 펼쳐 일본은 2사 2루를 만들었지만 후속타 불발로 동점을 만드는 데는 실패했다. 타력이나 투수력 등 객관적인 전력에서도 한국보다 한수 위였고, 이틀 전 콜드게임 승으로 선수들의 사기는 하늘을 찔렀다. 그런데도 하라 감독은 안정 위주로 경기를 운영하여 팀 사기를 저하시키는 실수를 저지르고 말았다.

김 감독은 18일 일본전에서도 대단한 배짱을 보여주었다. 전문가들은 한국이 수비 위주의 라인업을 짤 것으로 예상했다. 라이벌전이라 수비에서 작은 실수 하나라도 승부에 결정적인 영향을 미칠 수 있었기 때문이었다. 더군다나 1라운드 순위결정전에서 1 대 0으로 힘든 승부를 펼친 터라 수비 강화가 필요한 시점이었다.

하지만 김 감독은 공격 위주의 진용을 갖췄다. 타격감이 좋은 이용규, 고영민, 이진영을 스타팅으로 기용한 것이다. 모두의 예상을 깨는 라인업이었다. 수비에 중점을 두는 소극적인 야구가 아니라 초반부터 강한 공격으로 기선을 제압하겠다는 의지를 보인 것이다. 배짱이 없는 감독이었다면 도저히 이런 작전을 구상할 수 없다.

배짱이 두둑해야 큰 뜻을 이룬다

지금까지 김 감독은 양지보다는 음지에서 보낸 시간이 많았다.

조기은퇴, 뇌경색 등 그는 고난으로 점철된 인생을 살아왔다. 프로야구 감독을 맡고도 마찬가지였다. 전력이 좋거나 선수단 지원이 화끈한 팀의 감독을 하지 못했다. 쌍방울도 그랬고, 두산(OB)도 비슷했다.

김 감독이 프로야구 사령탑을 처음 맡은 쌍방울은 당시 신생구단이었다. 각 구단에서 선수들을 수혈받았지만 거의 10년이나 앞선 다른 구단의 전력을 도저히 따라잡을 수는 없었다. OB(현 두산)은 프로원년인 1982년 우승한 이후 내리막길을 타더니 1990년과 1991년에는 내리 꼴찌를 차지했다. 김 감독이 1995년에 맡을 때만 해도 OB는 하위권의 팀이었다. 다른 구단에 비해 지원도 떨어지는 편이었고, 선수들은 패배주의에 젖어 있었다. 그러나 불리한 조건 속에서도 김 감독은 두산을 한국시리즈에서 2차례나 정상에 올려놓았다. 두둑한 배짱과 상황을 정확하게 판단하는 능력이 있었기에 가능했다.

만약 김 감독이 재정적으로 풍부한 지원을 하는 삼성이나 LG의 사령탑을 맡았으면 어땠을까? 아마 김응룡에 버금가는 위업을 달성했을지도 모르겠다.

인생도 야구와 마찬가지다. 낮은 패를 들고도 올인할 배짱이 있어야 마침내 큰 뜻을 이룰 수 있다.

한국인의 승부 DNA
– 승리의 마침표는 없다

한국인은 승부근성이 뛰어나다. 동기부여만 되면 앞뒤 돌아보지 않고 악착같이 승부에 매달리고, 내기라도 걸리면 악착스런 근성을 유감없이 발휘한다. 웬만해서는 포기하지 않고 무모하리만큼 승부에 집착한다. 특히 일대일 대결에서 한국인은 객관적인 열세를 절대로 인정하지 않는다. 쓰러져 죽을지언정 미리 손을 들지는 않는다. 타고난 승부욕 때문이다.

이런 한국인의 기질은 비효율적이라는 부정적인 측면도 있지만 긍정적인 면이 훨씬 많다. 위기 때 한국인의 이러한 승부근성은 큰 힘을 발휘한다. 평소에는 경상도니 전라도니 하면서 편 가르기를 하다가도 위기가 되면 언제 그랬냐는 듯 하나가 된다. 하나로 뭉치는 데에는 한국인을 따라올 민족이 없다. 이런 기질이 없었다면 천 번에 가까운 외세의 침입을 막아낼 수 있었을까?

2007년 유조선 기름이 유출된 충남 태안 앞바다에는 전국에서 120만 명 이상의 자원봉사자가 몰렸다. 2002년에 태풍 루사가 우리나라를 강타했을 때에도 100만 명 이상이 자원봉사를 했으며, 1,300억원가량의 성금을 모았다. 뿐만 아니라 외환위기 때는 전국적으로 '금 모으기 운동'을 전개했고, 2002년 월드컵 때는 온 국민이 붉은 악마가 돼 응원을 펼쳤다.

이번 WBC도 마찬가지였다. 온 국민은 하나가 되어 선수들을 응원했다. 이에 힘입어 대표팀 선수들은 악착같은 승부근성을 발휘해 일본을 두 번이나 잡았고, 현역 메이저리거가 주축인 멕시코와 베네수엘라도 꺾었다.

한국인들은 WBC 경기를 보면서 환호했고, 선수들과 하나가 됐

한국 야구팀은 일본과의 결승전에서 9회에 동점을 만들어 10회까지 가는 투혼을 보였으나 안타깝게 준우승에 그쳤다. 하지만 국민들은 말했다. "지난 19일 동안 당신들이 있어 행복했습니다." 사진은 도쿄돔에서 선수들이 경기를 마치고 한국 응원단에 인사하고 있는 모습이다.

다. 그리고 표현하기 힘든 가슴 찡한 느낌을 받았을 것이다. 그 느낌이 바로 한국인의 승부근성이 아니었을까?

2회 WBC 대표팀에는 곳곳에 뇌관이 많았다. 전력도 전력이지만 무엇보다 선수들에게 동기를 부여할 요인들이 부족했다. 1회 대회와 베이징올림픽은 병역 혜택이란 큰 선물이 있었지만 이번에는 아무것도 없었다. 오직 애국심과 명예처럼 보이지 않는 훈장만 있을 뿐이었다.

특히 이번 대표팀은 모래알 팀워크가 될 소지가 농후했다. 박찬호, 이승엽 등 고참들이 불참하는 바람에 젊은 선수 위주로 꾸려졌기 때문이다.

1회 대회 때는 별다른 문제가 없었다. 선수단 구성도 원만했고, 고참 선수들이 많아 팀 분위기도 좋았다. 고참 선수들이 솔선수범하니 후배 선수들도 따를 수밖에 없었다. 그래서 이번 대회같이 말로 선수들을 격동시킬 필요도 없었기 때문에 김 감독은 선수들을 다독거리는 데 많은 시간을 할애하지 않았다.

김 감독 대신 선수들의 승부근성을 자극해준 사람은 고맙게도 일본의 이치로였다. 이치로는 "향후 30년간 일본을 이길 수 없게 해주겠다"고 말해 한국 선수들의 분노를 샀고, 그 분노는 승부근성으로 연결됐다.

프로선수들은 돈이 곧 명예라고 생각한다. 연봉이 높으면 자신의 가치가 올라가기 때문에 명예도 높아진다고 여기는 것이다. 그래서 국가보다 팀, 팀보다 개인을 우선시하는 경향이 있다. 이러한 이기심은 WBC 선수단을 구성하는 과정에서 여러 구단, 선수, 감독들이 잘 보여준 바 있다.

단적인 예를 들어보겠다. 프로선수들은 팀이 지더라도 자기는 2안타를 치면 좋아한다. 국가보다는 밥벌이가 우선이다. 그러니 그들에겐 국가관이 아마추어 선수보다 훨씬 희박하다.

야구 국가대표팀 선수들을 하나로 만들기란 쉽지 않다. 팀에서는 최고의 선수들이라 나름대로 개성이 강하고, 거의 억대 연봉을 받은 선수들이라 별로 아쉬울 것도 없다. 태극마크를 단다는 것은 분명 영광스런 일이지만 이번 WBC에서는 당근보다는 채찍이 돌아올 가능성이 높았다. 그러니 하나로 똘똘 뭉치기가 더 쉽지 않았다.

김 감독은 선수 선발을 끝내고 고심이 많았다. 자신의 당초 구상과 어긋나는 선발이었지만 그것은 큰 문제가 되지 않았다. 오히려 팀의 리더 역할을 할 실력이나 심성을 갖춘 고참 선수가 없다는 것이 더 큰 문제였다. 잘못하다간 예상대로 초반에 탈락할 수도 있었다. 제대로 칼도 뽑지 못하고 전쟁에서 질 판이었다.

말 없는 달변가

한때 병역 혜택 이야기가 흘러나오기도 했지만 사실무근으로 밝혀지면서 선수들의 사기는 더욱 떨어졌다. 무엇보다 선수들에게 동기를 부여할 만한 마땅한 재료가 없는 게 문제였다. 고민 끝에 김 감독은 우선 선수들의 마음을 자극하기로 마음먹었다. 마음속에 잠재된 한국인 특유의 승부근성을 들춰내기로 결심한 것이다. 김 감독이 준비한 비장의 무기는 말, 즉 언어였다. 말로 선수들의 애국심을 일깨우기로 한 것이었다.

김 감독은 평소 말수가 적은 지도자이며, 낯을 많이 가리는 편이다. 또한 해야 할 말과 하지 않을 말을 구별하고, 처음 보는 사람과는 몇 시간을 같이 있어도 몇 마디도 하지 않는다. 대화를 해도 중간중간 끊어지는 경우가 많다.

선수들에게도 말을 많이 하지 않는다. 말이 많으면 무게감이 떨어지고 뜻밖의 오해도 불러올 수 있기 때문이다. 따라서 신중히 생각한 끝에 꼭 필요하다 싶은 말을 한다. 대신 여러 가지 의미가 포함된 함축적인 말을 하는 것이다. 그래서 김 감독은 좀처럼 말실수를 하지 않는다.

하지만 그는 촌철살인의 대가다. 한 번씩 툭툭 던지는 그의 말에는 유머가 넘치기도 하지만 진정성이 배어 있어 받아들이는 사람을 수긍케 하는 오묘한 매력을 느낄 수 있다. 말의 품격이나 수준 또한 상당히 높다.

2007년 플레이오프에서 두산에 패한 뒤 김 감독은 야간경기인 데도 선글라스를 쓰고 인터뷰를 했다. 그때 기자들이 밤에 왜 선글라스를 착용했냐고 묻자 "창피해서 벗을 수가 없다"고 응수해 사람들이 배꼽을 잡게 했다.

이번 대회를 치르면서도 김 감독은 말로써 선수단 분위기를 잡아갔다. 코칭스태프를 발표하는 자리에서 "국가가 있어야 야구도 있다"를 시작으로 고비 때마다 말로 선수들의 애국심과 승부근성을 교묘하게 자극했던 것이다.

하와이 선수단 첫 미팅에서는 "좋아서 했던 야구로 태극마크를 달았으니 여러분은 가장 성공한 야구선수다. 이왕 좋아서 했으니 웃으면서 헤어지자"고 말했다. 류중일 코치는 "나도 가슴이 찡했다. 그런데 선수들이야 오죽했겠느냐. 선수들의 눈빛이 한순간에 달라지더라"며 그때를 기억했다.

김 감독은 경기 때도 촌철살인의 말을 이어갔다. 1라운드 일본전을 앞두고는 "사무라이 재팬을 어떻게 막겠느냐"고 묻자 "사무라이 검은 일단 삼지창으로 막겠다"고 가볍게 응수했다.

2라운드 1, 2위 순위결정전에서 1 대 0으로 이긴 뒤에는 한마디로 선수단의 긴장을 풀어버렸다.

"코치들은 왜 안 울어!"

박수 치고 헤어지자

베네수엘라와의 4강전을 앞두고는 전 국민에게 용기를 주는 명언을 했다. "우리는 위대한 도전을 할 것이다." 그 말 한마디에 선수들은 투혼을 불살랐다.

김 감독은 그때를 다음과 같이 회상했다.

"1라운드에선 그저 2라운드만 가자고 했지. 2라운드에서 잘 싸우니까 4강인 거야. 준결승에서 베네수엘라를 이겼으니 당연히 (우승을) 먹어야겠다 싶었지. 1회 대회 때 4강에 들었을 때만 해도 다들 운이 좋아서려니, 하고 생각하는 듯했어. 이번에도 그런 대접을 받을 이유가 없다고 생각했기 때문에 4강에 들었을 때 이놈들 두고 봐라, 하는 오기가 생겼어. 그래서 나도 모르게 위대한 도전이란 말이 나온 거지."

김 감독은 자신도 모르게 '위대한 도전'이란 말이 나왔다고 했다. 그러나 김 감독의 성격상 다분히 의도된 발언일 것으로 짐작된다. 김 감독은 항상 김승연 한화 회장에게 고마운 마음을 품고 있다. 그래서 적절한 타이밍에 한화그룹의 올해 슬로건인 그 말을 한 것으로 보인다.

결승전 때는 "위대한 도전에 유종의 미를 거두고 싶다"며 일본전 승리에 강한 집념을 보였다. 비록 일본에 막혀 준우승에 머물렀지만 마무리 멘트도 잊지 않았다.

"처음 만났을 때의 약속을 지켜줘서 고맙다. 박수 치고 헤어지자."

잘하면 약, 못하면 독

현대 사회는 언어와 이미지 싸움이다. 인간을 격동시키는 말 한 마디가 그 어떤 것보다 강력한 무기가 된다. 말로써 조직원을 단합시켜 최상의 결과를 이끌어낼 수 있어야 성공한 지도자가 된다. 정치인이나 기업의 리더들이 이미지와 말에 목숨을 거는 것도 그런 이유일 것이다. 그러나 말은 잘하면 약이요, 못하면 독이 된다. 말로 사람의 마음을 어루만질 수 있지만 동시에 한 사람을 파멸시킬 수도 있다.

야구 감독도 마찬가지다. 감독의 말에 선수와 조직이 흥하고 망할 수 있다. 그래서 감독은 말을 할 때 항상 신중해야 하고 절대 선수들의 마음을 다치게 하는 말을 해서는 안 된다.

김 감독은 대회 후 "야구는 흐름이 중요한데, 초반의 상승무드와 함께 선수들이 악착같이 해 메이저리그 선수들이 무릎을 꿇었다"며 선수들의 승부근성을 칭찬했다.

이번 WBC 쾌거로 한국 야구는 새로운 이정표를 세웠다. 그 뒤에
는 한국인의 악착같은 승부기질을 자극하여 선수들의 투혼을 불러
일으킨 김인식 감독이 있었다.

사람이 재산이다
– 감독님, 용돈 좀 주세요!

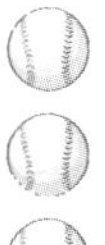

2008년 6월 7일 김인식 감독은 프로야구 사상 4번째로 감독 개인 통산 900승을 달성했다. 이는 김응룡, 김성근, 강병철 감독에 이은 대기록이었다. 당시 김 감독은 소감을 묻는 기자들의 질문에 대뜸 선수들 이야기부터 꺼냈다.

"그동안 함께했던 선수들이 생각난다. 야구를 하고 있는 선수도 있지만 그만둔 선수도 있다. 떠나간 선수들이 한 명 한 명 생각난다. 선수들에게 정말 고맙다."

그리고 특별히 기억나는 선수들을 떠올렸다. 쌍방울 시절에는 김기태, OB 때는 김형석과 김상호, 두산 때는 김동주, 홍성흔, 정수근과 우즈가 가끔 생각난다고 말했다. 그러면서 지금 한화 선수들은 매일 얼굴을 보니까 크게 떠오르지 않는다고 농담을 던졌다.

이 인터뷰를 통해 우리는 김 감독의 인간관계를 한눈에 파악할 수 있다. 그는 아무리 시간이 흘러도 자신을 도와준 사람은 절대 잊지 않고 언젠가는 반드시 보답한다. 뜨겁지는 않지만 한번 맺은 인연은 끈끈하게 이어가는 의리파다.

김 감독의 유니폼 등번호는 항상 81번이다. 1995년 OB 감독으로 취임하면서 달았던 배번을 계속 고집하고 있는데, 여기에도 한번 정하면 좀처럼 바꾸지 않는 그의 성격이 잘 드러난다. 이번 대표팀에서도 81번을 달았다.

김 감독 배번에 얽힌 야구판에 떠도는 루머를 하나 소개하고자 한다. 김 감독이 81번을 고수하는 것은 화투와 관련이 있다는 내용이다. 한때 김 감독은 야구계에서 손가락 안에 꼽히는 타짜였다. 수읽기에 능하고, 배짱이 좋아 막판 승부에 강한 면모가 화투판에서도 여실히 드러나 웬만해선 돈을 잃지 않았다고 한다.

김 감독과 자주 어울렸던 하일성 KBO 사무총장도 김 감독의 실력에 엄지손가락을 치켜세운다. "초반에는 잃는 것 같은데 판이 끝나면 꼭 딴다. 마지막 열 판, 다섯 판 정해놓고 치면 따라올 사람이 없다."

특히 김 감독은 9를 좋아했다고 한다. 아홉 끗은 족보 빼고 제일 높은 패다. 특히 두 자리 숫자 합이 9인 81번을 선호해 이를 배번으로 정했다는 말이 있다. 이에 김 감독은 "말도 안 되는 소리"라며 웃어넘긴다.

무뚝뚝하지만 보다 인간적인…

김성한과 이순철 코치가 이번 WBC 대표팀에 발탁된 것은 김 감독과의 인연 때문이다. 김성한과 이순철 코치는 김 감독이 해태 수석코치로 있던 시절의 제자였다. 이들은 당시 유난히 개성이 강했던 해태 선수들을 부드럽게 휘어잡는 김 감독의 인간미에 깊은 감명을 받았다. 그 후에도 그들은 김 감독과 계속 끈끈한 사제의 정을 나누고 있다.

이번 대표팀은 현역 감독 코칭스태프 구성이라는 김 감독의 초기 구상이 무산되면서 많은 고난이 예상됐다. 그러자 김 감독은 자신의 의중을 잘 파악할 수 있는 김성한과 이순철 코치를 대표팀으로 불렀다. 물론 김성한, 이순철 코치는 감독도 역임했을 만큼 유능한 지도자임에 틀림없다.

실제로 이번 대회에서 이들은 커다란 활약을 했다. 김 감독을 보좌해야 했고, 선수들의 맏형 노릇도 해야 했다. 선수에 대한 정확한 분석으로 김 감독의 용병술이 돋보이게 하는 역할 또한 담당했다. 겉으로 드러나지는 않았지만 이들을 비롯한 코치들의 희생이 있었기에 이번 WBC에서의 성과도 가능했다. "걔네들 없었으면 큰일날

뻔했어”라며 김 감독도 코칭스태프의 노고를 인정한다.

김인식 감독은 마음으로 선수를 지휘한다. 사소한 일에 일희일비하지 않고 묵묵히 선수들을 지켜보는 스타일이다. 실수해도 질책은 하지 않지만 잘했다고 그 자리에서 바로 칭찬하지도 않는다. 선수들이 홈런을 치고 들어와도 별로 좋아하지 않는다. 그래도 선수들은 김 감독의 마음을 안다. 김 감독의 침묵 속에는 그 누구보다 따뜻한 인간미가 있다는 것을 알기 때문이다.

이번 WBC에서도 김 감독의 이런 성격이 잘 나타났다. 김 감독은 더그아웃(벤치)에서 표정의 변화 없이 무덤덤하게 경기를 지켜봤다. 선수들이 실수를 하거나 아까운 찬스가 무산돼도 호들갑을 떨지 않았다. 선수들이 결정적일 때 한방을 날리면 잠깐씩 기쁜 표정을 지었지만 이내 평상의 얼굴로 돌아왔다. 그래도 이번 대회에서는 평소와 달리 비교적 표정 변화가 많은 편이었다.

더그아웃에서 감독의 태도는 선수들에게 큰 영향을 미친다. 팽팽한 긴장감이 감도는 단기전에서는 더욱 그렇다. 감독의 태도가 경기의 흐름을 바꿀 수도 있다. 실수했다고 인상 쓰거나 리드당하고 있다고 안절부절못하면 선수들이 더 긴장하고 불안해한다. 그렇게 되면 선수들은 더 위축이 되고, 자신도 모르게 실수를 해 경기를 망친다.

손민한은 왜 WBC를 포기했을까?

김 감독은 1회 WBC 때보다 이번 대회에서 선수들에게 애정을 더 쏟았다. 칭찬도 더 많이 했고 선수들을 애정으로 감싼 흔적도 보인다. 이런 김 감독의 애정은 끈끈한 팀워크를 만드는 데 일조를 했다.

대표적인 선수가 투수 손민한이다. 손민한은 아마추어 시절에는 물론이고 프로에서도 단골로 대표팀 유니폼을 입었다. 지금까지 각종 국제대회에서 뛰어난 기량을 선보였고, 경험도 풍부하다. 이번 대회에도 선발돼 주장이란 중책을 맡았다.

그러나 손민한은 1라운드에서부터 결승전까지 단 한 차례도 마운드에 오르지 않았다. 대표팀 28명 가운데 유일했다. 손민한은 연습 경기를 제외하고는 더그아웃에서 몸도 풀지 않았다.

손민한에 대한 여론이 들끓었다. 누리꾼 사이에서는 '손민한 씨 달에 도착하다', '한국인 손민한 씨 소말리아 해적에게 억류되다' 라는 우스갯소리가 나돌았다.

이 정도는 약과였다. 출전하지도 못할 손민한을 끝까지 데리고 간 김 감독에게 비난이 쏟아졌다. 손민한이 선수협의회 회장을 맡고 있기 때문에 김 감독이 어쩌지 못했다는 여론도 있었고, 김 감독에게 찍혔다는 소문도 있었다.

원래 김 감독은 선수들에게 공평한 기회를 주기 때문에 오승환 등 컨디션이 나쁜 선수도 적당한 기회에 출전시켰다. 그런데 왜 유독 손민한을 제외했을까? 그것도 선수단 분위기를 책임지고 있는 주장이고, 대표팀 내에서 박경완(37)에 이어 34세로 두 번째 고참인 데도 말이다.

이 의문은 대회가 끝난 뒤 풀렸다. 이 일은 김 감독의 따뜻한 인간미에 매료된 손민한이 희생정신을 발휘한 데에서 비롯된 것이었다.

손민한은 대표팀 합류 전에 몸이 덜돼 있었다. 팀 훈련에서 하루 27개 이상의 피칭을 하지 않았다. 그러다가 합류 뒤 갑자기 강도를 높이니까 다른 선수들을 따라갈 수가 없었다. 그래도 김 감독은 손민한을 고집했다. 마땅히 데려올 투수도 없었고 국제대회 경험이 풍부해 금방 컨디션을 끌어올릴 것으로 판단했기 때문이었다. 또 후배들에게 정신적으로 커다란 도움을 줄 수 있어 대표팀에 꼭 필요한 존재라고 생각했다.

하지만 손민한이 2라운드에서도 끝내 컨디션을 되찾지 못하자 김 감독은 코치들을 소집해서 의견을 물었고, 회의 결과 등판이 힘들다는 최종 결론이 내려졌다.

손민한 정도의 경험이 있는 선수라면 코칭스태프의 의도를 귀신같이 눈치 챘다. 그는 김 감독을 비롯한 코칭스태프에게 먼저 미안함을 표시한 후 주장으로서 면목이 없다며 잘하는 후배들에게 기회가 많이 주어지면 좋겠다고 말했다.

선수는 컨디션이 아무리 나빠도 자신을 먼저 탓하지 않고, 오히려 기량을 몰라주는 코칭스태프를 원망하는 성향이 강하다. 더군다나 WBC 같은 큰 국제대회에서 한 번도 등판하지 않는다는 것은 자신의 이미지에 큰 상처가 될 수 있다. 그런데도 손민한은 더그아웃에서 열심히 후배들을 격려하는 것으로 자신의 임무를 다했다. 그리고 후배들을 사랑으로 보듬었다. 일본전에서 초반에 대량 실점으로 풀 죽어 있던 김광현에게는 따뜻한 위로를 건네기도 했다.

손민한의 희생은 후배 선수들을 감동시켰고, 단단한 팀워크를 만들었다. 덕분에 김 감독도 마음 놓고 용병술을 펼칠 수 있었다. 김광현, 류현진 등 앞으로 10년간 한국 야구를 이끌어갈 젊은 선수들이 경험을 쌓을 수 있도록 등판 기회를 더 많이 준 것이다.

아버지 같은 우리 감독님

선수들은 김 감독과 며칠만 있으면 인간적인 매력에 쏙 빠진다고 한다. 김 감독은 마치 든든한 큰형님이나 아버지 같은 가족의 느낌을 준다는 것이다.

박찬호, 이승엽도 그랬다. 1회 WBC 때 이승엽은 돈이 떨어졌다며 "용돈 좀 주세요"라며 김 감독을 졸라댔다. 그러자 옆에 있던 박찬호는 "감독님, 용돈은 승엽이가 아니라 제가 받아야 됩니다. 제가 할 일이 더 많잖아요"라며 어리광을 부리기도 했다.

기자들이 선수들과 너무 격이 없이 지내는 것 아니냐고 말하자 김 감독은 "만만하게 보이면 어때. 잘해주면 되지"라며 허허 웃었다고 한다.

김 감독은 이번 WBC 때 반가운 사람들을 만났다. 2라운드가 열린 샌디에이고에서 선수단 지원팀이 김 감독에게 모르는 여성의 사진을 전해주었다. "김 감독과 잘 아는 사람의 외손녀이다. 꼭 만나고 싶다"는 부탁과 함께였다.

김 감독은 그 사진을 자세히 들여다본 뒤 한 사람을 기억해냈다. 그 사진에서 평생의 은인인 배문중 시절 스승인 박지완 감독의 얼굴을 떠올린 것이었다. 김 감독은 곧바로 박 감독의 딸과 연락했고, 스승의 가족을 만나 의미 있는 시간을 보냈다고 한다. 대표팀 선수들의 사인볼도 주고 박 감독에 대한 추억도 더듬었다. 70살이 넘은 박 감독의 딸은 그녀가 "아버지가 생전에 김 감독의 인간성에 대해 이야기를 많이 해 꼭 한 번 만나고 싶었다"고 말했다.

김 감독은 1984년 동국대 감독 시절 팀을 이끌고 미주 순회 경기를 할 때 LA에 이민 가 있던 박 감독을 만나는 등 그와 꾸준하게 연락을 해왔다. 그런데 이듬해 박 감독이 세상을 떠나는 바람에 연락이 끊기고 말았다.

김 감독이 박 감독의 권유로 배문중에서 야구를 시작한 지 1여 년

▶ 대회 시작 전 한국 대표팀과 요미우리 자이언츠를 상대로 연습경기를 가졌다. 이승엽 선수가 경기 전에 김인식 감독에게 인사를 하고 있다. 용돈을 달라며 어리광을 부릴 정도로 스스럼없는 관계를 유지했던 그들이기에 어느 편에 서 있든 친근한 모습이다.

만에 전국 최우수선수가 된 것도 모두 박 감독의 지도 덕분이었다.
김 감독은 박 감독을 만나지 않았더라면 지금의 김인식은 없었을 것
이라고 생각한다. 요즘도 기회가 있으면 "야구 기술은 물론이고 정
신적으로 아주 큰 스승이었다"고 말한다.

김 감독 주위에는 늘 사람이 많다. 야구계 선후배들은 물론이고, 사회에서 만난 사람들까지도 잊지 않고 김 감독을 찾는다. 이번 대회가 끝나고 지인들의 전화가 며칠간 줄을 이었을 정도다. 항상 상대에게 먼저 베풀기 때문에 주위에 사람이 끊이지 않는 것이다.

내 탓이오
– 공은 선수들에게, 허물은 나에게

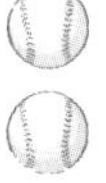

김인식 감독은 이번 대회 마지막에 큰 오해를 받아, 하마터면 공든 탑을 하루아침에 무너트릴 뻔했다. 3월 24일 WBC 결승에서 임창용이 이치로와 무모한 정면승부를 해 3 대 5로 패한 뒤 외신들을 비롯한 국내 일부 언론이 보도한 내용 때문이었다.

경기 후 김 감독은 공식 인터뷰를 했다.

"이치로를 거르라는 사인을 냈다. 포수는 인지했는데 투수에게 전달이 잘 안 된 것 같다. 아직 투수에게 물어보지 않아 정확한 이유를 모르겠다."

김 감독의 대답을 제대로 이해하지 못한 외신 기자들은 두 번이나 똑같은 질문을 했다.

"이치로에게 고의사구를 지시했는데 투수가 인지를 못한 것 같다.

나도 어째서 정면승부를 했는지 모르겠다.”

김 감독의 대답에 외신들은 “한국 감독이 화났다”면서 그가 패인을 임창용에게 돌리는 것처럼 보도했다. 팬들은 의아했다. 지금까지 공은 선수에게, 잘못은 자신에게 돌린 김 감독이었기에 배신감마저 느끼는 사람들도 있었다. “어떻게 마지막에 이렇게 변할 수 있느냐”, “믿을 사람 하나 없네”라며 심한 말을 쏟아내는 팬들도 있었다.

하지만 곧 진실이 밝혀졌다. 원활하지 않은 통역 시스템이 만들어 낸 오보였던 것이다. 대부분의 한국 언론들은 김 감독의 말뜻을 정확하게 알고 있었다. 그날 외신 기자들은 김 감독에게 임창용의 정면승부에 대해 집중적으로 질문했는데, 그때까지만 해도 그는 임창용의 정면승부에 대해 정확한 실상을 파악하지 못하고 있었다. 방금 경기가 끝난 터라 그럴 만한 여유가 없었던 것이다.

공공의 적이 된 임창용

임창용이 결승타를 맞은 상황은 다음과 같다.

연장 10회 2사 2, 3루에서 이치로가 타석에 들어서자 김인식 감독은 양상문 투수코치에게 의견을 물었다. 임창용의 투구 수가 많았고 왠지 기분이 꺼림칙해 임창용 대신 김광현을 올릴 생각이었다. 그러나 투수들의 컨디션을 가장 잘 아는 양상문 코치는 “(창용이

가) 페이스가 가장 좋으니 한번 믿어보시죠”라고 말했다. 김 감독은 임창용의 볼이 안 좋으면 볼넷으로 이치로를 거르자고 양 코치와 뜻을 모았다.

이치로는 전 타석까지 5타수 3안타로 타격감이 좋았다. 볼카운트 2-1로 유리한 상황에서 임창용은 계속 유인구를 던졌다. 스트라이크존을 벗어나는 볼로 이치로의 범타를 유도하고, 최악의 경우 볼넷을 주겠다는 계산이었다. 다음 타자는 오른손인 나카지마로 임창용이 상대하기가 한결 수월한 상대였다.

이치로가 연달아 파울을 쳐 볼카운트는 2-2가 됐다. 8구째 포수 강민호가 미트를 바깥쪽으로 댔지만 임창용의 볼은 가운데로 쏠리고 말았다. 실투였다. 이치로는 137킬로미터짜리 어정쩡한 싱커볼을 때려내 2타점 중전안타를 만들어냈다. 한국은 하필 이치로에게 결승타를 맞아 패하고 말았다.

25일 오전, 김 감독은 임창용과 강민호를 불러 삼자대면을 했다. 그리고 김 감독의 사인이 임창용에게 정확하게 전달되지 않은 것으로 최종 결론이 내려졌다. 김 감독은 곧바로 임창용과 그의 소속 구단인 야쿠르트에 공식 사과를 했다. 국가대표 감독이 선수의 소속팀에 사과하는 것은 전례가 없는 일이었다. 더군다나 김 감독은 잘못이 없다. 일부 언론들이 그의 말을 잘못 이해하는 바람에 생긴 해프닝일 뿐이다. 그러나 김 감독은 자신의 자존심보다는 선수를 다

WORLD BA
'09
SIC

독이는 게 우선이라고 생각했다.

어쨌든 이 사건으로 임창용은 공공의 적이 됐다. 고의로 정면승부를 했다는 비난이 쏟아졌다. '일본에서 야구를 오래 하려고 가운데로 던졌다'는 말까지 나왔다. MBC '100분 토론'의 주제가 되는 등 임창용의 정면승부 논란은 끊이지 않았다. 야구가 시사프로에서 다뤄지는 것은 이례적인 일이었다.

프로야구 현역 감독들도 "그 상황에서 왜 스트라이크를 던졌는지 이해할 수 없다. 100퍼센트 그의 잘못이다"며 임창용을 비난했다. 심지어 "임창용을 내가 오래 데리고 있어서 안다. 일부러 승부한 것 같다"며 흥분을 감추지 못하는 야구계의 원로도 있었다. 결승에서 너무나 아깝게 지는 바람에 온 국민이 냉정함을 잃어버린 것이다.

임창용은 "사인을 제대로 보지 못했다. 볼을 던지려고 했는데 가운데로 들어가면서 실투가 됐다. 이치로와 승부하고 싶은 마음도 조금은 있었다"고 말했다. 하지만 임창용의 해명에도 불구하고 그에 대한 논란은 좀처럼 수그러들지 않았다.

김인식 감독은 25일 밤 선수단 귀국 인터뷰에서 모든 게 자신의 잘못이라며, "지시는 확실하게 해야 한다는 것을 배웠다. 결과가 좋지 않으면 모두 가르치는 사람의 잘못이다. 임창용을 너무 비난하

◀ 볼카운트 2-2! 2타점 중전안타! 이치로의 안타가 뻗어나가는 순간 한국의 첫 우승도 멀리 날아가 버렸다. 김 감독의 사인이 임창용에게 정확히 전달되지 않은 것으로 최종 결론이 난 후, 그는 "모든 것이 내 잘못"이라며 선수를 보호했다.

지 말았으면 좋겠다"고 임창용을 적극 변호하기도 했다. 그리고 "이치로가 천정에서 왔다 갔다 해서 한숨도 자지 못했다. 앞으로 4년 뒤에는 우리 선수들이 더 발전해서 더 좋은 성적을 거둘 수 있을 것이다. 선수들이 너무 잘해줘서 고맙다는 말을 하고 싶다"며 준우승의 공을 모두 선수들에게 돌렸다.

이번 대회에서 김 감독은 인상적인 승리를 많이 거뒀다. 예상을 뒤엎고 고비였던 일본과의 1라운드 순위결정전, 2라운드 4강전에서도 승리했다. 2라운드 멕시코전과 베네수엘라전도 인상적인 경기였다. 경기는 선수들이 했지만 그들의 힘을 집결시킨 김 감독의 용병술이 없었다면 야구팬들은 짜릿했던 그 순간들을 맛보지 못했을 것이다.

지금껏 김 감독은 승리한 뒤에 선수를 먼저 거론했다.

"○○○가 잘했다. 교체한 선수들이 펄펄 날았다."

승리한 뒤 한 번도 자신을 언급하지 않았다. 그리고 "선수들은 열심히 했는데 내가 잘못했다"며 패인을 자신에게 돌렸다. 국내에서도 마찬가지였다. 지도자로 데뷔하고 난 뒤부터 패인을 선수들 탓으로 돌리지 않았다. 김 감독은 배문고, 동국대 등 아마 시절의 감독 때도 선수들에게 잘못을 돌린 기억이 없다고 한다.

김인식의 스승들

김 감독은 선수를 존중하는 태도를 스승들에게 배웠다고 한다. 배문중 시절에 박지완 감독을 비롯하여, 크라운 맥주(한일은행)의 강대중 감독의 영향도 컸다. 항상 "비겁하게 살지 마라"며 모든 것을 자신의 잘못으로 돌리는 스승들 밑에서 배웠기 때문에 선수 시절부터 몸에 배인 습관이라고 한다. 특히 강대중 감독은 정신적으로 자신을 크게 성장시켜준 잊지 못할 스승이다. 그는 어린 나이에 실업팀에 입단한 김 감독을 자식 돌보듯 했다고 한다.

김 감독은 해병대에서 제대한 뒤 한일은행으로 복귀했을 때의 감독이었던 김영덕 전 빙그레 감독도 스승으로 각별히 모신다. 김영덕 감독도 김인식 감독에게 많은 영향을 끼쳤다. 그는 당시 지도자로는 드물게 선수에게 칭찬을 많이 했다고 한다. 한일은행에서 같이 뛰었고 해태 수석코치 시절 감독이었던 김응룡 삼성 라이온즈 사장에게서도 많은 것을 배웠다. 김 감독은 "스승들을 참 잘 만났다. 힘들 때마다 교만하지 말라고 가르쳤던 스승들을 떠올린다. 나는 행운아다"라고 말했다.

야구 감독에도 여러 가지 유형이 있다. 선수들에게 잘못을 돌리는 감독도 있고, 선수들에게 공을 돌리는 감독이 있다. 그러나 김 감독처럼 두 가지를 동시에 실행하는 감독은 드물다. 대부분의 감독들은 이겼을 때 선수들에게 공을 돌린다. 자신의 공을 내세우기가 쑥스러워서일까? 그런데 경기에서 지면 상황이 달라진다. 온갖 비난이 쏟아지기 때문에 누군가는 희생양이 있어야 한다. 희생양의 1순위는 선수다. 감독은 "이런 작전을 지시했는데 선수가 따라주지 못했다. 선수들 실력이 형편없다"고 해버리면 그만이다. 어차피 경기는 선수가 뛰기 때문에 감독은 비난에서 한발 비껴갈 수가 있는 것이다.

요즘 프로야구 페넌트레이스가 한창 진행중이다. 경기가 끝난 뒤 감독들이 하는 말을 유심히 살펴보면 아마 열에 아홉은 선수를 탓하는 말이다. 기자가 "O회 투수교체가 너무 늦은 거 아니냐?"고 물으면 펄쩍 뛴다. "야구는 결과론이다. 팀 선수 사정은 그 팀 감독이 가장 잘 안다"며 무안을 주기 일쑤다. 자신들의 작전이 잘못됐다고 말하는 감독은 눈을 씻고 찾아봐도 별로 없다. 그나마 요즘은 신세대 감독들이 많아서 과거보다는 훨씬 덜하다.

감독들이 자신의 잘못을 시인하는 데 인색한 것은 아마 권위를 먼저 생각하기 때문일 것이다. 잘못을 시인하면 권위가 떨어지고, 권위가 떨어지면 선수들을 통솔하는 데 지장이 있다고 생각하는 것 같다. 감독은 선수의 잘못을 자신의 것으로 돌려야 성공할 확률이 높다. 선수들은 감독이 자신들의 허물을 감싸 안아주면 믿음을 갖게 된다. 그러면 선수들도 건설적인 의견을 감독이나 코치들에게 제시할 수 있는 분위기가 조성된다. 감독이 그 의견을 수용하면 선수들은 긍정적으로 변하고 팀워크도 살아나게 된다. 즉, 선수들이 감독을 믿고 따르는 추종력이 생기게 된다.

선수들의 신뢰를 얻은 감독은 팀을 운영하기가 수월해진다. 선수들의 적극적인 참여를 이끌어낼 수 있기 때문이다. 그만큼 감독이 선수들을 잘 부릴 수 있다는 말이다. 감독은 가지고 있는 권한만큼 책임을 져야 선수들의 신뢰를 얻을 수 있다.

국가나 기업도 마찬가지다. 리더가 조직원의 긍정적 에너지와 적극성을 이끌어내지 못하면 성공할 수 없다. 흔히 위기 극복의 성공 사례를 언급할 때는 가장 먼저 리더의 탁월한 능력이 강조된다. 하지만 그 성공의 이면에는 목표달성을 위해 함께 헌신한 조직원이 있었다는 것을 간과하면 안 된다.

지위를 버리고
81번으로 서기까지

김 감독은 어머니처럼 편안한 리더십을 발휘한다. 그래서 그의 리더십은 부작용이 적고 효과는 지속적이다. 그의 수평의 리더십은 가는 곳마다 팀워크를 단단하게 만들었고, 실패와 좌절로 점철된 수많은 선수들을 다시 일으켜 세웠다.

Part 4

부드러운 카리스마
– 선수들과 친해지기

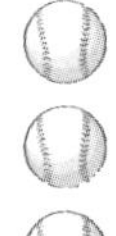

프로야구 선수들을 관리하기란 쉽지 않다. 팀에 선수들이 많다 보니 우여곡절이 늘 끊이지 않는다. 언론에 공개가 되지 않아서 그렇지 일 년 내내 크고 작은 사고가 많다.

음주운전, 시비 및 폭행 등 선수들이 저지른 형사적인 사건은 오히려 처리하기가 편하다. 물론 구단 이미지에 좋지는 않지만, 최후의 방법으로 그 선수를 퇴출시키면 그만이기 때문이다. 그러나 눈에 보이지 않는 사고, 즉 팀워크의 분열은 얘기가 다르다.

야구는 단체운동이지만 개인운동의 성향이 강한 종목이다. 야구에는 개인상이 많다. 페넌트레이스 후 한국야구위원회(KBO)가 시상하는 공식 타자와 투수 부문별 개인상만 14개다. 최우수선수(MVP)와 최우수신인상, 한국시리즈 MVP까지 합치면 더 늘어난다. 시즌 후에는 각 포지션별로 10명의 최고선수를 뽑는 골든글러브도 있다.

프로에서 개인 성적은 연봉 산정의 잣대가 되기 때문에 선수들은 팀 성적보다는 자기 위주의 플레이를 하게 된다. 말로는 팀이 우선이라고 하지만 행동은 자기 위주로 하는 경우가 많다.

선수들이 먼저 알아본 카리스마 김 감독

프로야구팀에는 개성이 강한 선수가 많다. 개성이 강하다는 것은 자기가 최고라는 과시욕이 강하다는 말과 일맥상통한다. 특히 프리에이전트(FA) 제도로 선수들의 몸값이 천정부지로 뛰면서 개성이 강한 선수들이 우후죽순처럼 생겨났다. 선수들이 희생하지 않고 각자 팔을 흔들면 팀워크는 흐트러질 수밖에 없다. 따라서 개성 강한 선수가 많은 팀은 많은 풍랑을 만나게 되고 끝내 좌초되고 만다.

과거 프로야구판에는 그래도 인간미가 있었다. 선수와 선수 사이, 선수와 지도자 사이에는 말로써 표현하기 힘든 어떤 인간적인 교감이 있었다. 그런데 요즘 신세대 선수들은 인정에 연연하기보다는 실리를 추구한다. 한마디로 인간미가 점점 실종되고 있는 것이다. 개성 강한 선수들이 많은 팀을 맡은 감독은 강력한 지도력, 즉 카리스마를 발휘해야 한다. 카리스마가 있어야 선수들을 휘어잡을 수 있으며, 그래야 냉혹한 승부세계에서 살아남을 수 있다. 카리스마가 없는 감독

메이저리거들은 공격적이어서 나쁜 볼에도 자주 방망이가 나간다. 그래야 안타나 홈런을 칠 확률이 높아지고 자신의 몸값을 더 올릴 수 있기 때문이다. 이것이 팀의 승리를 위해 희생정신을 발휘하는 한국 선수들이 메이저리거보다 나은 이유다.

은 선수들이 먼저 알아본다. 감독의 장악력이 떨어지면 기량이 뛰어난 고참급 선수들이 감독을 만만하게 보기 시작하고, 그런 분위기는 자연스럽게 후배 선수들에게 전염된다. 원래 나쁜 것은 더 빨리 퍼지는 속성이 있다.

시즌 전에 분명히 4강 전력으로 평가받는 팀이 하위권 성적을 내는 예가 종종 있다. 잘 나가다가 어느 순간 브레이크가 걸려 비틀거리며 다리 아래로 추락하고 만다. 이유가 뭘까? 열에 아홉은 감독의 장악력, 즉 카리스마 부족이다. 카리스마 있는 감독은 위기에서 능력을 발휘한다. 선수들은 페넌트레이스 중반에 팀이 4강에 들어가기 힘들다고 판단하면 감독보다 먼저 포기해버린다. 그 뒤로는 팀 성적이 아니라 자신의 성적 위주로 경기를 하고, 팀은 사분오열되고 만다. 그때 카리스마가 있는 감독은 어떤 방법을 동원하든지 끝내 위기를 극복해낸다.

카리스마에는 여러 가지 형태가 있다. 크게 분류하면 두 가지로 압축할 수 있다. 첫 번째가 조직원들을 힘으로 통제하는 강요된 복종의 카리스마이고, 두 번째는 선수들의 마음을 얻는 자발적인 복종의 카리스마다. 감독 개인의 성향이 다르고, 팀 선수들의 성향도 다르기 때문에 어느 것이 더 좋은 카리스마라고 단정할 수는 없다.

김인식 감독은 후자인 부드러운 카리스마를 선호한다. 김 감독이 해태 수석코치 시절 드세기로 소문난 선수들을 부드러운 카리스마로 휘어잡은 이야기는 프로야구판의 전설로 전해져 내려오고 있다.

김 감독이 프로지도자로 데뷔한 때가 1986년이었다. 한일은행 선배인 김응룡 감독의 요청에 해태 수석코치로 프로 유니폼을 입었다. 당시 해태에는 스타급 선수들이 많았다. 김성한, 서정환, 김종모, 이순철, 선동열, 김정수 등 기량이 뛰어난 선수들이 수두룩했다. 그런데 유독 다른 팀에 비해 선수들의 개성이 강하고, 대부분이 화끈한 성격에다 승부욕이 강했던 터라 웬만한 감독은 이끌기가 힘든 팀이었다.

해태로 가면 옷을 벗겠다!

김응룡 감독은 감히 선수들이 접근하기 힘든 강력한 카리스마로 팀을 이끌었다. 그런데도 개성 강한 선수들을 통제하기가 만만치 않아 종종 감독과 선수 간에 충돌이 일어나곤 했다. 당시만 해도 프로야구에는 폭언과 폭력이 심심찮게 오가던 시대였다. 선후배 간에도 규율이 엄격했고, 폭력 또한 빈번하게 일어났다. 특히 해태는 군기가 세기로 소문난 팀이어서 다른 팀에서 이적해온 선수는 대부분 오래 버티지 못했다. 오죽하면 해태로 트레이드되면 옷을 벗겠다는 선수가 많았을까?

해태에서 김 감독은 김응룡 감독으로부터 투수 운영권을 부여받았다. 수석코치였지만 김인식 감독이 투수 조련과 마운드 운영에 뛰어난 능력을 보였기 때문이다. 김 감독은 위임받은 투수 운영권을 발판 삼아 개성 강한 해태 선수들을 다스려나갔다. 김 감독은 보이지 않게 투수들을 배려했다. 투수들에게 최대한 등판 기회를 많이 주었고, 승수도 더 챙길 수 있도록 해주었다. 개성 강했던 해태 투수들도 눈에 보이지 않는 김 감독의 배려에 마음을 열기 시작했고, 감독이 '팥으로 메주를 쑨다'고 해도 믿을 정도의 믿음이 생겼다.

1986년 한국시리즈를 앞두고 이런 일도 있었다. 김 감독이 해태 투수들을 데리고 당시 유행하던 성인 오락실(파친코와 비슷했다)에 갔는데 누가 언론사에 제보를 한 것이었다. 다음 날 기자들이 김 감독에게 큰 경기를 앞두고 상식 밖의 일을 했다고 몰아붙였다. 그러나 김 감독은 "큰 경기를 앞두고 선수들이 잠을 못 자 긴장을 풀어주기 위한 조치였다"고 태연하게 말했다. 해태는 그해 뛰어난 투수력을 바탕으로 한국시리즈 정상에 올랐다.

각 팀에는 감독이나 코치보다 선수들에게 큰 영향을 끼치는 리더급 선수들이 있다. 팀 분위기는 그런 선수들에 의해 좌지우지되는 경우가 허다하다. 따라서 지도자가 선수들을 장악하기 위해서는 리더급 선수를 제압할 수 있는 무기가 있어야 한다. 김 감독도 그 방법을 썼다. 먼저 리더급 투수의 마음을 사로잡은 뒤, 나머지 선수들을 공략해나갔다. 김 감독의 진심 어린 배려에 해태의 팀워크는 하나가 됐고, 1986년 우승을 시작으로 4년 연속 한국시리즈 정상에 오르는 기염을 토했다. 해태는 통산 9번이나 정상에 올라 한국 프로야구 한국시리즈 최다 우승 기록을 가지고 있다.

강력한 카리스마를 가진 김응룡이 없었다면 해태가 그처럼 위대한 업적을 이룰 수는 없었을 것이다. 그렇지만 부드러운 카리스마로 선수들을 장악한 김인식의 지도력도 커다란 몫을 했다.

OB(두산) 사령탑 시절에도 김인식 감독은 부드러운 카리스마로 선수들을 지휘했다. 선수들과 거리감을 줄이려고 무척 노력한 흔적을 엿볼 수 있다. 해태 시절에 발휘했던 배려를 근간으로 선수들을 지휘했음은 물론이다.

배꼽 잡히게 웃긴 우리 감독님

김 감독은 때론 의도하지 않은 해프닝으로 팀 분위기를 화기애애하게 만들기도 한다. 그는 말씨가 다소 어눌한 데다 목소리 톤도 낮은 편이다. 게다가 발음이 정확하지 않고 이도 좋지 않아 발음이 샌다. WBC 대표팀에 합류하기 전에는 치과부터 찾을 정도였고, 요즘도 치아 상태가 좋지 않다. 그러다 보니 한 번씩 배꼽을 잡는 해프닝의 주인공이 되기도 한다.

두산 포수 김태형이 선수로서 마지막 해였던 2001년이었다. 김 감독은 경기 중에 김태형에게 "써도 되냐?"고 물었다. 김태형은 김 감독이 자신에게 3루수로 나가라고 말하는 줄 알고 깜짝 놀랐다. 당황한 김태형은 "감독님, 중학교 3학년 때 마지막으로 써드했는데요." 김 감독은 "야! 써드가 아니고, 포수 마스크 써도 되냐고"라고 말했다.

　김 감독은 투수교체 타이밍이다 싶으면 어김없이 투수코치를 찾는다. 한번은 김 감독이 감독석에 앉아서 최일언 투수코치를 불렀다. "일언아" 하는 김 감독의 호출에 최 코치는 말이 없었다. 다시 한 번 "일언아"라고 불렀다. 그런데 더그아웃의 선수들이 감독의 눈치를 보면서 웅성거렸다. 정작 당사자인 최 코치는 묵묵부답이었다. 재일동포였던 그는 우리말에 무척 서툴렀다. 김 감독이 다시 한 번 "일언아!"라고 부르자 갑자기 선수들이 후다닥 일어났다. 선수들이 "일언아"를 "일어나"로 착각했던 것이다.

　또 한번은 '개~뼈 사건'으로 선수들을 웃겼다. 프로야구 선수들은 대부분 별명을 가지고 있는데, 자신들의 의지와 상관없이 선배들이 붙여주는 별명을 그대로 쓴다. 당시 OB에는 '개뼈'란 별명을 가진 선수가 있었는데, 이 선수는 주로 외야 수비 교체멤버였다. 김 감독이 경기 중에 "개~뼈!"라고 말했다. 코치들은 고개를 갸우뚱하며 "누굴 뺄까요?"라고 말했다. 그러자 김 감독은 웃으면서 "아니 빼는 게 아니고, 개~뼈 불렀어"라고 대답했다.

　두산베어스 김태룡 이사는 "김인식 감독님과의 의도하지 않은 해프닝으로 선수들과의 간격이 좁아졌다. 감독님 고유의 부드러움과 조화가 팀 분위기를 좋게 만드는 것 같다"고 말한다.

　한화 이범호와 관련된 이야기도 화제다. 한화는 홈경기가 끝나면 두 명의 수훈선수를 뽑아 상금을 지급했다. 그런데 어느 날 2점짜리 결승 홈런을 날린 이범호가 구단 기록원의 실수로 수훈선수에 선정되지 못했다. 뒤늦게 그 사실을 파악한 김 감독은 이범호를 불러 자신의 돈으로 상금을 지급했다고 한다.

이번 WBC에서도 김 감독은 선수들을 많이 배려했다. 새벽까지 기자들이 경쟁적으로 선수단 숙소에 전화를 하자 선수들의 컨디션에 문제가 생길 수 있다고 판단해 자신이 대신 총대를 멨다.

"궁금한 것이 있으면 감독인 나에게 물어봐. 새벽에도 괜찮아. 선수들은 놔두고. 모든 걸 다 이야기해줄 테니."

김 감독은 이처럼 남을 먼저 배려하는 자세로 선수들의 마음을

그의 주변에는 늘 사람이 많고 웃음도 많다. 그가 일부러 웃기려고 하는 것도 아닌데, 한 번씩 던지는 유머 넘치는 말에 사람들은 배꼽을 잡는다. 그것은 선수들과의 좋은 관계를 유지하는 한편, 김 감독만의 부드러운 카리스마를 보여주는 일면이기도 하다.

얻었다. 팀 선수뿐만 아니라 이번 WBC 대표팀 선수들도 그의 배려하는 부드러운 카리스마에 반했다.

'부드러움은 능히 강함을 꺾는다'고 했다. 김 감독이 선수들의 진심 어린 복종을 이끌어낸 것도 배려를 앞세운 부드러운 인간성에서 비롯된 것이다.

오케스트라 지휘자는 단원 각각의 개성을 조율해 하나의 아름다운 화음을 창조해낸다. 최정상급 연주자들이 모인 오케스트라도 연주자 한 명의 능력에 따라 그 수준 차가 하늘과 땅만큼 벌어진다. 수많은 단원을 하나로 만드는 것은 지휘자의 이성과 감성에다 노력이 가미될 때 가능하다.

김 감독은 톡톡 튀는 단원들이 모인 WBC 오케스트라단을 지휘해 최상의 화음을 만들어냈다. 성공의 원동력이 된 것은 다름 아닌 부드러운 카리스마였다.

소외된 자를 버리지 않는다
– 너는 아직 끝나지 않았어!

평소 김인식 감독은 사람 사는 이야기를 즐겨한다. 특히 그라운드 밖에서는 야구 얘기를 거의 하지 않는다. 한 번씩 외부에서 만나 야구 이야기를 꺼내면 "골치 아프게 뭔 야구 얘기냐"며 재미있는 이야기를 하자고 한다. 그러면서 친구, 지인, 선수들 이야기를 들려준다. 김 감독을 자주 만나긴 했지만 아직 한 번도 누구에 대해 나쁘게 이야기하는 것을 들어본 적이 없다. 항상 사람의 결점이 아니라 장점만 보기 때문이다.

"사람은 누구나 실수할 수 있어. 나도 옛날에는 '너, 안 돼'라고 하기도 했지만 그게 아니더라고. 빨리 잊고 내일 또 나서야지. 그리고 다독여주는 게 효과가 더 커. 머리로 하면 안 되고 끝까지 인간적이어야 해. 미움이 강해지면 자꾸 단점만 보이니까."

김 감독은 특출한 사람보다는 평범한 사람을 좋아하고, 그들을 배려하려고 애쓴다. 특히 세상에서 좋은 평가를 받지 못하는 사람들을 잘 끌어안기로도 유명하다. 야구할 자세만 되어 있으면 부상이나 궁지에 몰린 선수를 거리낌 없이 포용한다.

왕년의 스타들을 그라운드로!

2004년 말 김 감독은 한화 사령탑에 오르면서 최동원을 코치로 영입한다고 발표했다. 지인들은 김 감독의 결단에 깜짝 놀랐다. 김 감독에게 적잖은 부담이 될 수 있기 때문이었다.

최동원은 선동열과 더불어 한국 야구에서 불세출의 스타였다. 그는 1983년 롯데에서 프로에 데뷔해 8시즌 동안 103승 74패 26세이브, 방어율 2.46, 탈삼진 1,019개를 기록했다. 특히 1984년에는 시즌 27승에다 삼성과의 한국시리즈에서 혼자 4승을 거두며 팀의 우승을 견인하는 인상적인 플레이를 펼치기도 했다.

그러나 명성에 걸맞은 지도력을 발휘하지는 못했다. 1991년 은퇴한 최동원은 2001년 이광환 감독의 부름을 받고 한화 코치로 야구계에 컴백했다가 소리 소문 없이 사라졌고, 그 후 방송 해설을 하는 등 야인생활을 하고 있었다.

김 감독은 한 번 실패하긴 했지만 그에게 지도자가 될 재능이 충분하다고 판단해 다시 한 번 기회를 주기로 했다. 당시 최동원은 "다시 현장으로 돌아와 기쁘다. 밖에서 보던 것하고 안에 들어와 보는 것하고는 차이가 있다"며 기회를 준 김 감독에게 고마움을 전했다.

그 외에도 재기가 힘들다며 다른 구단에서 외면한 조성민, 조계현, 지연규, 김인철 등을 끌어안았다. 조성민을 데려온다고 하자 모두들 또 한 번 놀랐다. 조성민은 2003년과 2004년 연속 두 번이나 신인드래프트에 참여하는 등 한국 프로야구의 문을 두드렸지만, 어느 구단도 그를 받아주지 않았다. 재기가 불가능하다고 판단했기 때문이었다. 당시 조성민은 자신을 받아주지 않는 구단들에게 원망 어린 푸념을 늘어놓아 구단들을 더욱 자극했고, 그로 인해 그의 재기는 영영 힘들어 보였다. 그리고 얼마 후 본인도 재기를 거의 포기할 즈음 김 감독이 그에게 손을 내밀었다.

조성민에 대해서는 이런저런 말들이 끊이지 않았다. 워낙 관심을 끄는 스타선수였기 때문이다. 그중 하나가 김 감독과 조성민의 아버지 조주형 씨와의 관계에 관한 소문이었다. 조주형 씨는 연식정구 국가대표를 지낸 스포츠맨 출신으로, 연식정구로 한일은행에 입사하여 야구팀 선수들과 친분을 쌓았다. 그래서 일각에서는 김 감독이 조주형 씨와의 친분으로 조성민을 받아들였다는 소문이 나돌기도 했다. 그때 김 감독은 조성민의 영입에 대해 "자꾸 사람을 부정적으로 보는데 장점을 봐야 한다. 흠 없는 사람이 어디 있나"라고 말했다. 조성민의 아버지와의 관련설에 관해서는 "말도 안 되는 소리다. 시즌이 끝난 뒤 답을 찾을 수 있을 거다"라고 자신 있게 말했다.

조성민은 김인식 감독의 말대로 시즌 후반 재기에 성공해, 후반기 한화 마운드에 큰 힘을 보탰다. 포스트시즌이 거의 확정될 무렵 김 감독은 "시즌 초에는 4강을 생각했는데 이제 끝이 보이는 것 같다. 이왕 이렇게 된 것 헛되게 하고 싶지 않다. 조성민도 이런 순간이 있을 것으로 판단하고 데리고 왔다. 사실 처음부터 계획적이었다. 조성민의 역할이 점점 커질 것이다"라며 조성민을 격려했다. 조성민뿐만이 아니었다. 스스로 "투수도 아니었다"고 말한 투수 정민철도 김 감독의 배려로 재기했으며, 김해님, 최영필, 문동환도 최고의 투구를 했다. 김 감독은 재활 공장장의 진면목을 유감없이 발휘했다.

김 감독이 끌어안았던 선수들은 2005년 한화의 포스트시즌에서 일등 공신 역할을 했다. 소외되고 좌절을 맛본 선수들에게 용기와 자신감을 심어준 김 감독의 배려 덕분에 재기를 할 수 있었던 것이다.

기자들이 한물간 선수들을 재기에 성공시킨 비결을 물었다.

"두산에 9년 동안 있었는데 3년에 한 번씩 한국시리즈에 나가 두 번 우승하고 한 번 준우승했다. 그런데 구단 사정이 여의치 않아 9명의 선수를 팔았다. 구단은 50억원에 가까운 돈을 벌었지만 전력은 형편없이 떨어졌다. 그렇다고 그만한 선수를 데려올 수도 없었고. 그때 버린 선수라도 데리고 해야겠다고 마음먹었다."

장인, 장모 오신다며? 너 오늘 4번 해라

김 감독은 '재활의 신'이란 평가에 "나는 기회만 주었을 뿐 선수들의 의지 때문이었다"고 담담하게 말했다. 김 감독은 페넌트레이스에서도 소외된 선수들을 잘 챙긴다. 프로 1군은 보통 25명 내외로 구성되는데, 이 중 경기에 자주 출전하는 주전급 선수는 17~18명가량이다. 나머지 7~8명은 백업멤버로 대타, 대주자, 대수비 요원으로 활용된다. 매 경기에 출전하지 못하는 이들이 바로 소외계층인데, 이들의 운명은 모두 감독에게 달려 있다. 경기에 자주 나가야 연봉 인상도 기대할 수 있고, 다음 시즌에 재계약을 할 수 있기 때문이다. 쉽게 말해 감독이 이들의 밥줄을 쥐고 있다. 백업요원들은 경기 출장이 뜸하다 보니 불만이 많아지고 그러면 팀 분위기가 흐트러져 한 해 농사를 망칠 수도 있다.

김 감독은 백업요원들이 소외되지 않도록 배려하면서 기용한다. 한 식구라는 인식을 심어주면서 인간적으로 접근하는 것이다. 예를 들어 백업요원 중 한 명에게 자식을 얻었다는 말을 들으면 "입이 하나 더 늘었으니 돈을 더 벌어야지"라며 그 선수에게 한 번이라도 더 기회를 준다. 그중 '이도형 장인, 장모 사건(?)' 일화는 특히 유명하다. 한화의 청주 경기에서 이도형은 어깨가 축 처져 있었다. 타격 슬럼프에 빠져 2할대 밑바닥의 타율을 기록하고 있는 상황에서 마침

경기 내내 더그아웃에서 자신의 이름이 불리기를 기다리는 선수들이 있다. 슬럼프에 빠져 있는 선수의 가족들이 경기를 보러 온다는 말에 그를 4번 타자로 세우고, 우승 인터뷰를 할 때 그들의 수훈을 챙기는 인간 김인식은 우리의 영원한 명장이다.

처가 부모들이 경기를 보러 온다는 것이었다. 이도형은 스타팅은 힘들 거라고 지레짐작하여 풀이 죽어 있었다. 그런데 김 감독이 이도형에게 뜬금없이 한 마디를 던졌다.

"오늘 장인, 장모 오신다면서? 너 오늘 4번 해라."

그날 4번 타자로 출전한 이도형은 4타수 3안타 6타점을 올리는 맹활약을 했다. 장인, 장모 앞에서 사위의 체면을 세운 것이다. 그리고 타격감을 잡은 이도형은 그해 당당히 주전으로 자리를 잡았다.

칼을 품은 덕장

　김 감독은 우승 후에 주전급 선수보다 경쟁에 밀려 소외된 선수들을 먼저 칭찬한다. 2001년 두산이 한국시리즈에서 우승을 했을 때다. 그는 우승 인터뷰에서 백업포수였던 박현영을 가장 먼저 언급했다.

　"이번에 우리 팀에서 박현영이 제일 고생했다."

　기자들이 그 이유를 물었다. 김 감독은 이렇게 대답했다.

　"1군에는 25명(당시는 1군 엔트리)이 있다. 주전급은 문제가 없다. 그런데 중간의 5~6명을 어떻게 대하느냐가 팀 분위기를 좌우한다."

　박현영은 1995년만 해도 김태형과 주전을 다툴 만큼 실력이 좋은 포수였다. 그런데 번번이 주전경쟁에서 탈락해 교체멤버로 전락해 불만이 많았다. 원래 선수들은 자신의 실력을 주관적인 잣대로 재단하는 경향이 있으니, 그도 마찬가지였을 것이다. 김 감독이 이런 사정을 모를 리 없었다.

　그렇다고 아무에게나 덕을 베풀지는 않는다. 그래서 그는 칼을 숨긴 덕장(德將)이다. 김 감독은 사람을 읽고 그 사람에게 충분한 기회를 준다. 마음을 편하게 해주고, 하고 싶은 대로 내버려두고, 웬만한 잘못도 못 본 척 눈을 질끈 감고 넘긴다. 하지만 팀워크를 깨트리거나 노력하지 않으면 가차 없이 칼을 들이댄다.

김 감독은 OB 시절인 1998년 시즌이 끝난 뒤 코치 다섯 명의 목을 동시에 자른 적이 있었다. 그때까지 10여 년간 프로야구 감독을 하면서 코치의 옷을 벗긴 적은 거의 없었다. 그 당시 야구판에서는 김 감독의 코치 해고가 큰 화제가 되기도 했다. "사람 좋은 김인식이 변했다"며 수군거리기도 했다. 김 감독이 코치를 무더기로 해고한 이유는 무엇이었을까?

팀워크가 생명이다

1998년 9월 29일 새벽 OB 선수단은 부산 사직경기를 마치고 남해고속도로를 타고 광주로 이동하고 있었다. 그런데 2호차가 광양 인근에서 빗길에 미끄러지는 바람에 전복되고 말았다. 다행히 큰 부상자는 없었지만 이혜천, 류택현, 이경필 등 주전급 투수 몇 명이 타박상을 입었다. 그들은 사고 후유증으로 LG와의 플레이오프에서 제대로 된 역할을 할 수 없었다.

사고 소식은 각 신문들에 대서특필됐다. 다른 구단에서도 전화를 걸어 선수단의 안부를 물었고, 심지어 김 감독 지인들도 걱정스러운 마음으로 전화를 걸어 위로했다. 그때 필자도 김 감독에게 전화를 했던 기억이 난다. 그런데 정작 OB의 2군 코칭스태프는 그 누구도 전화를 걸지 않았다. 김 감독은 야구와 관계없는 사람들도 전화해

안부를 묻는데 한 식구라는 코치들이 어떻게 이럴 수가 있냐며 분노했다.

이후 김 감독은 시즌이 끝난 뒤 결단을 내렸다. 2군 코칭스태프 5명의 유니폼을 한꺼번에 벗겨버린 것이었다. 코치들의 식구들을 생각하면 가슴이 아려왔지만 어쩔 수 없는 선택이었다. 전화를 하지 않은 게 섭섭한 것이 아니었다. 김 감독은 2군 코치들이 인간애를 떠나 한 식구로서 최소한의 동료애가 없다고 판단한 것이다. 개인의 능력보다는 팀워크에 비중을 두는 김 감독이 코치들의 무관심한 행동에 크게 실망을 한 것이다.

김 감독은 "야구팀에서 팀워크는 생명이다. 서로 위하는 마음이 없는 팀은 결코 좋은 팀이 될 수 없다. 마음이 아팠지만 지금도 후회하지 않는다"며 당시를 회상했다.

인간은 경험을 통해 교훈을 얻는다. 양지에서 어려움 없이 성공한 지도자는 소외된 자들의 아픔을 이해하지 못한다. 인생의 바닥까지 떨어져 실패와 좌절을 겪은 지도자는 마음의 깊이가 다르다.

수평의 리더십
– 마법에 걸린 한국 대표팀

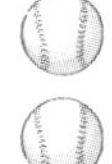

김 감독은 사람이라면 모두 평등하다고 생각한다. 그래서 지위의 고하를 막론하고 모든 사람은 한 배를 타고 사는 동반자로 본다. 선수들도 일방적인 지시의 대상으로 보지 않고, 팀 승리를 위해 함께 모인 동지들이라고 여긴다. 그래서 선수들 개인의 기량보다는 팀의 이익에 비중을 두고 팀워크, 즉 융화를 중시한다.

단단한 팀워크를 이끌어내기 위해서는 선수들의 자발적인 협조가 필요하다. 특히 WBC 대표팀처럼 일시적으로 꾸려진 조직은 더욱 그렇다. 조직원들의 자발적인 협조가 없으면 조직을 통제하고 운영하기가 힘들다. 그런데 자발적인 협조를 이끌어내기 위해서는 한쪽으로 치우치지 말아야 한다.

국가대표팀에는 분위기를 흐리는 선수가 꼭 한두 명씩 있다. 시드

이번 대회의 최대 관건은 지난 대회에 비해 한층 젊어진 선수들이 자신들을 내세우지 않고 팀을 위한 플레이를 펼치는 것이었다. 그들을 하나로 이끄는 데 성공한 감독의 비결은 바로 수평의 리더십이다.

니올림픽 때는 모 선수가 스타팅으로 고정하지 않으면 안 뛰겠다고 말해 큰 파문을 몰고 오기도 했다. 당시만 해도 절대 카리스마를 자랑하는 김응룡 감독이 사령탑을 맡고 있었다. 이처럼 아무리 엄한 선배나 감독이 억압적으로 감시를 해도 대표팀에는 각종 사건 사고가 끊이지 않게 마련이다.

김인식 감독이 이번 대회에서 성공을 거둔 비결은 바로 수평의 리더십이다. 한쪽으로 치우치지 않는 형평성이 톡톡 튀는 신세대 선수들의 마음을 사로잡았다. 가뜩이나 자기가 최고라고 생각하는 선수들인데 감독이 형평성을 잃으면 통제가 불가능해진다.

경기를 즐기는 신세대 선수들

이번 대표팀은 1회 때와는 사뭇 분위기가 달랐다. 1기 WBC는 이종범, 박찬호, 이승엽 등 실력과 카리스마를 겸비한 고참들이 많아 팀워크를 다지기가 쉬웠다. 김인식 감독 외에 현역 감독 세 명이 코치로 합류한 것도 선수단 팀워크에 큰 도움이 됐다. 그러나 이번 WBC 대표팀은 대폭적인 물갈이가 이뤄졌다. 더군다나 팀의 중심을 잡아줄 베테랑 선수가 부족했다. 대표팀 선수들 28명 가운데 30대는 박경완(37), 손민한(34), 임창용(33) 등 세 명뿐이었다. 그리고 이진영, 봉중근, 이택근, 이종욱이 1980년생으로 고참급에 속했다. 2000년 세계 청소년 야구선수권대회 우승의 주축 멤버인 1982년생은 추신수, 김태균, 이대호, 정근우, 오승환 등 다섯 명으로 최대 계파였다. 특히 대표팀 마운드의 주축이었던 윤석민(23), 류현진(22), 김광현(21)은 피 끓는 20대 초반의 청년이었다.

이 젊은 선수들은 분명 과거의 선배들과는 달랐다. 선배들은 선진 야구에 도전하는 자세였지만, 이들은 상대의 실력과 우리의 실력이 비슷하다고 인식하고 경기에 임했다. 신세대 특유의 패기도 있었지만 청소년 대회 때부터 강호인 일본이나 미국에 이긴 경험이 있어 자신감이 충만했다. 수영스타 박태환의 "올림픽을 즐겼다"는 말 속에는 신세대 선수들의 이런 사고가 고스란히 담겨 있다.

신세대 선수들의 자신감과 패기는 '양날의 칼'이다. 한번 꺾이면 회복하는 데 다소 시간이 걸리지만, 반대로 한번 상승세를 타면 무섭게 치고 나가는 긍정적인 면도 있다. 아무래도 경험이나 노련미보다는 패기와 자신감을 앞세우기 때문에 부침이 심한 팀 컬러를 형성하게 되는 것이다. 일본에 콜드게임 패를 당한 뒤 곧바로 일본에 1 대 0으로 승리를 거둔 것이 이를 잘 증명한다.

대표팀의 한 관계자는 "기둥이 빠진 것 같다. 좋을 때는 한없이 달아오르지만 위기를 극복할 능력이 모자란다. 아무래도 젊은 선수들은 개인적이다. 대표팀의 전통적인 팀 색깔이 없어진 것 같다"고 우려했다. 그래서 이번 대표팀에서는 수평적인 단합을 이룰 분위기를 만들 필요가 있었다. 신세대 선수들의 능력을 최대한 발휘할 수 있게 균형을 잡아줄 수 있는 감독이 필요했던 것이다.

대표팀 감독은 보통 선수선발권에 전권을 위임받는다. 대부분의 감독은 실력이 비슷하면 자기와 친분이 있거나 소속팀 선수에게 후한 점수를 준다. 팔이 안으로 굽는 것이다. 사실 감독이 선수를 부리기 때문에 어느 정도 인정해야 할 부분도 있지만, 김 감독은 선수 선발부터 일절 사심을 개입하지 않는다. 형평성에 근거해 선수를 뽑았고, 코치들의 의견을 대폭 수용했다.

대표팀은 일본 도쿄돔에서 열린 1라운드에서 추신수 문제로 뒤숭숭했다. 추신수의 출전 여부 때문이 아니라 다른 선수들이 느낄 상대적인 박탈감이 문제였다. 김 감독은 추신수가 지명타자로만 뛰는 특혜 아닌 특혜를 받고 있어 다른 선수들이 신경 쓰였던 게 사실이다. 그런데도 젊은 선수들은 일절 동요하지 않고, 오히려 추신수를 격려해주었다. 선수 선발 과정에서 어떤 사심도 개입되지 않았다는 것을 잘 알고 있었기 때문이다.

대표팀의 하와이 전지훈련 때 이범호와 최정은 경합을 벌였다. 실력은 우열을 가리기 힘들었지만 김 감독은 이범호를 탈락시키기로 마음먹었다. 단지 같은 팀 소속이라는 이유 때문이었다. 김 감독은 이범호을 불러 "너를 탈락시켜야 할지도 모르겠다. 마음의 준비를 하라"고 말했다. 그러자 이범호는 "감독님, 저는 병역 혜택을 받았기 때문에 상관없습니다. 그런데 박기혁은 꼭 최종 엔트리에 넣어주십시오"라고 부탁했다. 자신보다 동료를 더 걱정할 만큼 대표팀의 팀워크는 조금씩 다져지고 있었다.

1라운드 엔트리 결정은 코치들과 합의하에 거수로 이뤄졌다. 김 감독은 이범호 대신 최정에게 손을 들었다. 같은 소속팀 김태균도 다른 코치들은 모두 찬성했는데 김 감독만 반대했다. 김병현을 자른 것도 형평성의 산물이었다. 꼭 필요한 선수였지만 다른 선수들과의 형평성을 고려해 읍참마속(泣斬馬謖)의 심정으로 제외했다.

김 감독은 모든 선수들에게 동등한 기회를 주려고 노력했다. 20일 일본전은 패배를 감수하면서도 출전하지 못한 선수 위주로 스타팅

멤버를 짰다. 타격감을 잃은 추신수를 교체하지 않아 경기의 흐름을 놓치기도 했지만, 김 감독은 지더라도 선수들의 자존심을 챙기는 쪽을 택했다. 이러한 김 감독의 믿음에서 융화가 생겨났고, 이는 탄탄한 팀워크라는 가장 소중한 보물로 나타났다.

감독이 순하면 만년 꼴찌?

이범호는 멕시코전에서 버스트(번트자세에서 강공하는 것)를 멋지게 성공시켰다. 멕시코 내야진의 전진 수비를 본 김 감독이 이범호에게 지시를 내린 것이었다. 버스트는 어렵다. 타격 실력보다는 반드시 성공하겠다는 굳은 의지가 있어야 성공 확률이 높다. 이범호의 버스트 성공은 김 감독과 선수가 한마음으로 뭉쳐 있었기 때문에 가능했던 것이다.

톱타자 이용규는 17일 일본전에서 1회 출루한 뒤 다음 타자 초구 때 기습도루를 감행하여 상대 배터리를 뒤흔들었다. 아무리 그린라이트(감독의 작전 없이 도루할 수 있는 권리)라지만 중요한 순간에 이러한 대범한 플레이를 하기란 결코 쉽지 않다. 이범호, 이용규, 그리고 나머지 선수들도 마찬가지다. 그들은 마법에 걸린 것처럼 펄펄 날아다녔다. 김 감독이 추구하는 수평의 리더십에 맞춰 선수들이 춤을 춘 것이다. 만약 김 감독이 선수들에게 일방적인 지시만 했다면 그처럼 창조적이고 대담한 플레이를 할 수 있었을까?

김 감독은 항상 선수들과 눈높이를 맞추는 지도자다. 다루기 힘든 외국인 선수도 김 감독에게는 꼬리를 내린다. 통제가 힘들기로 유명한 한화의 데이비스도 김 감독을 '아버지'라고 부르며 존경했다.

2000년으로 기억된다. 톱타자 정수근이 슬럼프에 빠져 있을 때였다. 정수근의 훈련 장면을 유심히 지켜보던 김 감독은 대뜸 그를 불렀다. "요새 다른 데 정신 팔려 있는 거 아냐? 감독실에 가면 보약이 있으니까 너 먹어"라고 말했다. 정수근은 이후 타격감을 회복했고 팀이 한국시리즈에 진출하는 데 크게 기여했다.

2004년 한화가 김 감독을 영입한 것도 그의 융화력을 높이 평가했기 때문이었다. 한화는 유승안 감독을 경질할 방침을 정하고 후임 감독을 물색했다. 그때 필자는 한화 송규수 단장의 초청으로 단둘이 감독 문제에 대해 이야기를 나눈 적이 있다. 송 단장의 첫마디가 "선수들의 마음을 어루만질 수 있는 적당한 감독이 없겠느냐"는 것이었다. 필자는 김인식 감독을 강력하게 추천했다. 당시 한화는 코칭스태프와 선수단 사이에 교감이 부족해 팀워크가 무너져 하위권에 맴돌고 있었다.

'사람 좋으면 꼴찌'라는 메이저리그 속설이 있다. 감독이 순하면 결코 좋은 성적을 낼 수 없다는 것을 풍자한 말이다. 사람 좋기로 소문난 김 감독은 두산을 9년이나 지휘했다. 이는 18년간 해태 감독을 역임한 김응룡에 이어 두 번째로 장수한 기록으로 그는 두산 감독 시절 빼어난 성적을 냈다. 첫해인 1995년 한국시리즈 우승을 비롯해 1999년 페넌트레이스 승률 1위, 2000년 한국시리즈 준우승, 2001년 한국시리즈 우승, 4년 연속(1998~2001년) 포스트시즌에 진출했다.

메이저리그 속설대로였다면 어떻게 이런 결과를 낼 수 있었을까? 야구 전문가들은 그의 수평의 리더십이 이런 결과의 월동력이라고 말한다. 김 감독은 선수 관리에 나름대로 원칙이 확실한 지도자다. 학연, 혈연, 지연을 모두 배제하고 능력 위주의 선수기용을 철칙으로 삼고 있다. 모든 화의 근원은 사심에서 비롯된다는 것을 잘 알고 있기 때문이다.

'손오공이 날뛰어 봐야 부처님 손바닥' 이듯 김 감독은 선수들의 모든 것을 꿰뚫고 있다. 선수들이 술자리를 가졌다면 누가 주도했는지, 누가 참석했는지 귀신같이 알아낸다. 그 선수가 잘못을 깨닫고 반성할 때까지 참을성을 갖고 모른 척 기다린다. 그러나 도가 지나치면 가차 없이 도려낸다. 그런 선수는 팀워크에 아무런 도움이 되지 않는다고 판단하기 때문이다.

김 감독은 어머니처럼 편안한 리더십을 발휘한다. 그래서 그의 리더십은 부작용이 적고 효과는 지속적이다. 그의 수평의 리더십은 가는 곳마다 팀워크를 단단하게 만들었고, 실패와 좌절로 점철된 수많은 선수들을 다시 일으켜 세웠다.

그라운드의 연금술사
– 소통하면 이긴다

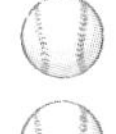

소통은 인간관계에서 매우 중요하다. 소통만 되면 만사형통이다. 소통의 부재는 사람들 사이에서 오해를 낳고 걷잡을 수 없는 상황으로 몰고 가기도 한다. 정치권 사람들이 막말을 하며 팽팽하게 대결하는 것도, 연쇄살인 같은 강력 범죄가 활개를 치는 것도 모두 소통의 부족 때문에 발생하는 것이다. 친구끼리의 말다툼도, 부부간의 불화도, 직장 동료와의 티격태격도 모두 통하지 않아서 일어난다.

야구에서도 소통이 큰 비중을 차지한다. 감독과 코치, 선수들이 서로 통해야 멋진 경기를 할 수 있다. 이번 WBC에서도 코칭스태프와 선수 간에 통하지 않은 경우가 두 번 정도 있었다. 통하지 않았기 때문에 결국 마지막 고비를 넘기지 못한 것이다.

　1라운드 순위결정전인 일본과의 경기 7회 무사 2, 3루 때였다. 2루 주자는 김태균, 3루 주자는 김현수였다. 웬만한 외야플라이만 쳐도 추가점을 뽑을 수 있는 절호의 기회였다. 김인식 감독은 이대호에게 강공을 지시했다. 류중일 3루 베이스코치는 김현수에게 땅볼을 치면 뛰지 말라고 외쳤다. 이대호가 땅볼을 쳐도 1사 2, 3루여서 찬스를 연결해갈 수 있었다. 일본 내야진은 추가점을 봉쇄하기 위해 수비 위치를 앞으로 당겼다.

　아쉽게도 이대호가 친 타구는 원바운드로 유격수에게 잡혔다. 그때 김현수는 타구가 느리다고 판단해 홈으로 뛰어들다 아웃되고 말았고, 그 틈을 타 3루로 뛰었던 2루 주자 김태균마저 객사했다. 코치와 선수 간의 소통 부족, 즉 사인미스가 무사 2, 3루의 황금 찬스를 2사 1루로 바꾸는 어이없는 주자플레이를 만들어낸 것이다.

　일본과의 결승전에서도 소통 부족으로 다 잡은 경기를 놓쳤다. 임창용이 이치로와 힘들게 승부하자 볼카운트 2-2에서 김인식 감독은 양팔을 팔(八)자 모양으로 내렸다. 투수 임창용과 포수 강민호에게 어렵게 승부하라는 사인이었다. 즉, 볼카운트에 여유가 있으니 유인구를 던지라는 사인이었던 것이다. 그러나 임창용은 벤치의 사인을 파악하지 못하고 무리하게 정면승부를 벌이다 결승타를 맞고 말았다.

지통(志通), 언통(言通), 심통(心通)

김인식 감독은 야구판에서 소통의 달인으로 통한다. '한국의 잭웰치' 혹은 '최고의 테크노 CEO'로 불리는 손욱 농심 회장이 말한 세종대왕의 삼통(三通)에 김인식 감독을 대입해본다.

첫 번째가 지통(志通)이다. 김 감독은 선수들과 뜻이 통한다. 절대로 일방적으로 자기 고집을 강요하지 않으며, 선수들과 자신의 뜻을 공유하기 위해 노력한다. 두 번째는 언통(言通)이다. 김 감독은 선수들에게 상처 주는 말을 절대로 하지 않는다. 실수를 하더라도 말을 아끼고 선수들의 말에 귀를 기울인다. 세 번째는 심통(心通)이다. 김 감독은 선수들의 마음에 귀를 기울인다. 자신보다 선수를 먼저 챙긴다. 작전 중심이 아닌 선수들 중심의 경기를 펼침으로써 선수들을 승리의 도구가 아니라 인격체로 대한다.

야구계의 4차선 도로

김인식 감독이 해태 수석코치 시절인 1987년이었다. 당시 김응룡 감독이 투수교체를 위해 마운드에 올랐다. 마운드에 있던 투수는 한 타자만 잡으면 세이브였기 때문에 투수를 교체하려는 김응룡 감독이 야속했던 모양이다. 김응룡 감독이 볼을 달라고 손을 내밀자 그 투수는 자신도 모르게 머뭇거렸다. 다시 감독이 손을 내밀었으나 볼을 빼앗기지 않으려고 뒷걸음을 쳤다. 결국 2루까지 가다가 볼을 빼앗기고 도망가다시피 더그아웃으로 들어갔다. 김응룡 감독은 육중한 몸을 이끌고 그 선수의 뒤를 따랐다. 그 다음은 독자들의 상상에 맡기겠다. 단, 당시 해태는 팀의 위계질서가 웬만한 군대보다도 더했고, 어느 정도 체벌도 통용되던 시기였음을 감안하기 바란다.

당시만 해도 코끼리 김응룡 감독은 무소불위의 권력을 휘두르고 있었다. 종종 반항하는 선수도 있었지만 반란은 그의 권위 앞에서 금방 무마되곤 했다. 김응룡 감독에게 도전했다 일방적으로 패한 선수가 수두룩했던 터라, 볼을 움켜쥐고 뒷걸음질 친 그 선수는 반항한 그날로 엔트리에서 빠졌다. 그는 야구선수로서 자신은 끝이라고 생각하고 낚시를 하면서 시름을 달랬다고 한다. 코끼리 감독에게 반항해 살아남은 선수를 보지 못했기 때문에 바로 마음을 접은 것이었다.

그 사건 이후로 팀 분위기는 엉망이 됐다. 그래도 당시 유일하게 김응룡 감독과 일대일로 소통이 가능한 사람은 김인식 코치뿐이었다. 심지어 다른 코치들은 코끼리 감독에게 말도 제대로 걸지 못했을 정도였다.

당시 코끼리 감독과 김인식 수석코치, 그리고 코끼리 감독보다 선배인 또 한 명의 코치가 같은 숙소를 쓰고 있었다. 그런데 선배인 코치조차 코끼리 감독의 눈치를 어찌나 많이 보는지 텔레비전도 마음

그는 코치 시절 선수들과 감독을 연결하는 유일한 통로였다. 국내의 한 감독이 팀 불화에 시달리다 못해 한 말은 퍽 의미심장하다. "선수들을 잘 다독이는 김인식 감독을 코치로 데리고 와서 팀 분위기를 추스르고 싶다."

대로 켜지 못했다고 한다. 평소에도 그런데 경기에서 진 날은 오죽했을까? 그 코치는 경기에서 진 날은 꼭 김인식 수석코치에게 텔레비전을 켜달라고 부탁하곤 했다. 김인식 수석코치가 텔레비전을 켜면 코끼리 감독도 별말을 하지 않았기 때문이다.

이처럼 김인식은 코치 시절 감독과 선수들을 연결하는 유일한 통로였다. 그래서 김 코치는 선수단 분위기를 전환하기 위해서 김응룡 감독에게 협조를 부탁했다. 사석에서 만나 "형님, 선수들을 좀 더 따뜻하게 대해주세요"라고 조언하며 코끼리 감독의 강한 성격을 숨겨주려고 애썼다.

그날 이후 김응룡 감독은 김인식 수석코치에게 투수 운영에 대한 전권을 위임했다. 투수교체 때 마운드에 오르지 않고 김인식 수석코치를 내보냈다. 그 뒤부터 다른 팀도 해태 김응룡 감독을 따라 감독이 아닌 코치가 투수를 교체하기 시작했다.

김인식 감독은 한 달 동안이나 밤낚시를 하며 소일하던 문제의 그 투수를 다시 불렀다. 그것으로 해태 선수단의 동요는 일단락됐다. 당시 선수였던 서정환 전 기아 감독은 "그땐 항명하면 끝이었어요. 감독님은 공포의 대상이었지요. 선수들 사이에서 김응룡 감독님에게 반기를 들려는 시도도 몇 번 있었어요. 아마 당시 김인식 수석코치가 없었더라면 팀 분위기가 엉망이 되었을 거예요. 해태가 한국시리즈 4년 연속 우승한 것도 김인식 수석의 역할이 컸다고 봐야죠"라고 말했다.

김인식 감독은 해태로 이적을 거부하던 동국대 제자 한대화(현 삼성 수석코치)를 설득하기도 했다. 해태 코치로 선임돼 광주로 가던 김 감독은 OB의 한대화가 해태 트레이드에 반발하여 은퇴를 불사하겠다고 버틴다는 소식을 들었다. 한대화는 고향팀 빙그레로 보내달라고 요구하고 있었다. 김 감독은 대전에서 한대화를 만나 설득한 끝에 해태 유니폼을 입혔다. 누가 설득해도 꺾이지 않을 것 같았던 그의 고집이 김 감독의 진심 어린 설득에 손을 들고 만 것이었다.

한대화는 해태에서 1986년부터 1993년까지 뛰는 동안 김성한과 더불어 팀 공격을 이끌면서 '해결사' 란 명성을 얻었다. 만약 한대화가 그때 은퇴했더라면 3루수 골든글러브 8회(6회 연속 수상)라는 기록은 없었을 것이다.

김 감독이 쌍방울 감독을 그만두고 야인생활을 하던 1994년이었다. 그해 9월 4일에 '선수단 집단이탈' 이라는 한국 프로야구 사상 초유의 사건이 발생했다. OB 선수들이 윤동균 감독의 지휘에 불만을 품고 집단으로 팀을 이탈한 것이었다.

윤동균 감독은 전주 쌍방울전에서 패하자 선수들에게 정신력 부족이라는 이유를 들어 체벌하겠다고 선언했는데, 선수들이 반발하자 "그럼 짐 싸서 서울로 가라"고 말했다. 그러자 윤 감독의 지휘에 불만을 품었던 박철순, 장호연, 김상호, 김형석 등의 핵심 멤버 17명이 쌍방울과의 경기를 남겨놓고 서울로 올라와버렸다. 그 사건으로 윤동균 감독이 사퇴하고 김인식 감독이 그해 10월부터 OB의 새로운 사령탑에 올랐다.

그런데 재미있는 이야기가 있다. 윤동균 감독은 집단이탈 사건 한 달 전쯤 경창호 구단 사장을 만나 "선수들을 잘 다독거리는 김인식 감독을 수석코치로 영입해 팀 분위기를 추스르고 싶다"는 뜻을 전달했다. 자신의 힘으로는 모래알 팀워크가 돼버린 선수단을 다잡기가 버거웠기 때문에 선수들과 교감이 좋은 김 감독이 필요했던 것이다.

경 사장은 윤 감독의 뜻에 동의하면서도 시기를 저울질했다. 이후 김인식을 수석코치로 영입하자는 의견을 내놓았지만, 결국 그 전에 집단이탈 사고가 터졌고, 경 사장은 후임 감독을 물색하다가 김인식 감독을 최종적으로 선택했다. 그때 프로야구 고참 기자들이 김인식 감독을 적극 추천했다는 후문도 있다. 만약 김인식 감독이 그때 수석코치로 갔더라면 어떻게 됐을까? 사람의 미래는 알 수가 없다.

김인식 감독은 21세기형 CEO

현역 중 김인식 감독은 현재 김성근 SK 감독 다음으로 나이가 많은 프로야구의 큰 어른이다. 1980년대 김영덕, 김응룡 감독이 자리했던 위치에 있으면서 제자뻘인 김경문 두산 감독, 조범현 기아 감독, 선동열 삼성 감독과도 경쟁하고 있다. 그러나 그는 아직도 프로야구의 소통자로서, 오히려 과거보다 폭넓게 선후배들과 교류하고 있다.

2007년에 60대 중반을 넘어선 김성근 감독은 40대 감독들과 마찰을 빚으며 불편한 관계를 유지하고 있었다. 이때 김인식 감독이 "야구판에 예의가 있어야 한다"며 후배 감독들을 나무랐다. 그리고 김성근 감독에게는 사석에서 "가끔은 고집을 좀 꺾으시죠"라고 조언을 했다고 한다.

이번 WBC에서도 김 감독의 소통능력이 잘 나타났다. 봉중근이 1라운드 1, 2위 순위결정전에 자원 등판한 것이 대표적이라고 할 수 있다. LG 소속인 봉중근이 한화의 김 감독에게 거리낌 없이 말하기란 쉽지 않았을 것이다. 김 감독과 봉중근은 한 번도 같은 팀에서 뛴 적이 없었지만 그들 사이에는 그로 인한 문제가 전혀 없었다. 김 감독이 동국대 감독 시절 명성을 떨친 것도 인간관계가 원만했기 때문이다. 즉, 사람들과의 소통능력이 뛰어났던 것이다.

김 감독은 1982년부터 4년간 대학야구를 호령했다. 1983년 춘계리그 우승이 그 시작이었다. 송진우가 입학한 1984년에는 대통령배에서, 이강철이 활약한 1985년에는 춘계리그에서 우승을 차지했다. 한대화, 김민호, 김평호, 이문한, 김봉근, 박철우, 백인호, 이건열 등 이름만 대면 알 만한 선수들이 모두 김 감독의 동국대 제자들이다. 당시 김 감독은 주로 세광고, 군산상고, 광주일고에서 선수들을 스카우트했다. 군산상고 감독이던 백기성 등의 후배들이 김 감독의 인격에 반해 적극 밀어줬던 것이다.

김평호 삼성 코치는 "당시만 해도 감독은 하늘이었다. 그런데 김인식 감독님은 선수들을 인간적으로 대하셨다. 그래서 선수들의 정신적인 성장에 많은 도움을 줬다"고 말했다.

경청(傾聽), 즉 상대의 말만 잘 들어도 90퍼센트는 소통할 수 있다고 한다. 경청은 겸손이며 상대에 대한 배려이며, 소통의 통로를 확보한다. 지도자가 일방적으로 명령하던 시대는 이제 끝났다. 조직원들을 경청하는 김인식 감독 같은 지도자가 21세기형 CEO다.

겸손의 리더십
– 김인식의 최대 무기는 겸손이다

"일본이 우리보다 한 수 위다. 일본이 김광현의 투구 패턴을 잘 분석했다."(3월 7일 1라운드 일본전에 콜드게임 패한 후)

"일본이 컨디션이 좋지 않았던 것 같다. 일본도 정말 좋은 투구를 했다." (3월 9일 1라운드 1, 2위 결정전 승리 후)

김인식 감독은 1라운드에서 라이벌인 일본과 대결하면서 콜드게임 패(2 대 14) 후 승리(1 대 0)를 따내며 지옥과 천당을 오가는 롤러코스터 위에 앉아 있었다. 일본에 콜드게임의 수모를 당한 뒤에도 핑계와 변명보다 먼저 상대의 선전을 축하했다. 이처럼 김 감독은 이길 때나 질 때나 변함없이 선수들과 상대팀을 칭찬한다. 멕시코와 베네수엘라를 상대로 한 경기에서 승리했을 때도 그들의 야구를 칭찬했지만 스스로에겐 매우 엄격했다. 어느 팀도 깔보지 않고 상대 팀의 플레이에 진심 어린 박수를 보냈다. 이처럼 겸손하고 상대팀을 존중하는 김 감독의 모습은 세계 야구팬들에게 커다란 감동을 주었다. 외신들도 일제히 김 감독에 대한 찬사를 쏟아냈다.

일본의 일부 언론들은 "일본 대표팀 이름이 '사무라이 재팬'이지만 정작 자신의 명예와 상대방의 명예까지 존중하는 진정한 사무라이 정신은 김인식 감독에게서 느낄 수 있다"고 보도했다. 그리고 "한국 선수들의 능력보다 어떤 상황에서도 일희일비하지 않는 김인식 감독이 더 무섭다"고 덧붙였다.

메이저리그 명선수 출신인 ESPN 해설가 조 모건은 "내가 아는 사람 중에 가장 겸손한 사람이다. 그는 팀의 승리보다 패자의 등을 먼저 다독거릴 줄 아는 사람"이라며 김인식 감독에 대해 칭찬을 아끼지 않았다.

뜨거운 가슴보다 냉철한 머리로 승부하라

김인식 감독의 겸손은 선수들 간의 충돌을 막아냈다. 이번 WBC에서 한국과 일본은 다섯 번이나 싸웠다. 1, 2라운드에서 각각 두 번, 그리고 결승전에서 맞붙었다. 서로 양보할 수 없는 라이벌전이라 경기 중 곳곳에서 충돌이 있었다. 자칫하면 그라운드에서 난투극이 벌어져 대회가 난장판이 될 수도 있는 상황이었다.

20일 일본전 3회 때였다. 이용규는 일본 선발 우쓰미가 던진 볼에 머리 뒷부분을 맞았다. 140킬로미터의 직구였다. 이용규는 머리를 잡은 채 그대로 쓰러져 한참 동안 일어나지 못했다. 우쓰미는 실투라고 했지만 분명 고의성이 다분한 투구였다. 빠른 발로 자기 팀 배터리를 뒤흔드는 이용규가 눈엣가시나 다름없어 몸에 맞는 볼을 던진 것이다. 선수들은 "당장 응징에 나서자"며 동요했다. 당시 선수들은 "메이저리그였으면 바로 보복에 나섰을 것"이라며 분을 삭이지 못했다고 한다. 그때 동요를 잠재운 사람이 김인식 감독이었다. 김 감독은 "지금 일본과 싸워봤자 도움될 게 없다. 축제의 장이 싸움판이 될 수 있다"며 차분하게 선수들을 설득했다.

당사자인 이용규는 당시 상황을 다음과 같이 전했다. "타석에 들어서면 항상 느낌이 있다. 우쓰미와 눈이 마주쳐 기분이 꺼림칙했다. 빈볼이 날아올 것 이라는 예감이 들었는데 왠지 느낌이 나빴다. 그래서 초구는 칠 생각도 하지 않고 기다렸는데 예상대로였다. 맞는 순간 정신이 없었다. 정신을 차리자는 생각만 했다."

24일 결승전에서도 두 차례나 충돌할 뻔했다. 6회에 이용규가 또 다쳤다. 1 대 1이던 6회 1사에서 볼넷으로 출루한 그는 2루로 도루를 감행했다. 그런데 2루로 헤드퍼스트 슬라이딩을 하는 과정에서 일이 터졌다. 포수 조지마의 송구를 받고 나카지마가 태그하면서 이용규의 왼쪽 얼굴과 나카지마의 왼쪽 무릎이 정통으로 충돌한 것이다. 이용규의 헬멧은 쪼개졌고, 한동안 그는 그라운드에 누워서 일어나지 못했다. 왼쪽 눈 밑과 코뼈에 상처를 입었다. 나카지마는 이용규와 충돌하고서도 그대로 서 있었다. 정황상 나카지마 역시 충격을 받아 넘어질 수밖에 없었는데, 멀쩡한 것을 보면 어느 정도 고의성이 짐작된다. 수비수가 베이스를 사이에 두고 기다리는 것은 정상수비지만 나카지마는 양쪽 다리의 위치가 틀렸다. 이용규 머리가 들어갈 위치에 왼다리를 내밀고 있었던 것이다.

고영민도 당했다. 7회 1사 1, 3루에서 투수 정현욱이 조지마를 3루 땅볼로 유도하여 이범호(3루), 고영민(2루), 김태균(1루)의 더블플레이가 가능한 상황이었다. 이때 1루 주자 나카지마가 2루로 가면서 고영민의 무릎을 잡아끌었다. 더블플레이 당하는 것을 막기 위해 2루 수비수의 수비동작을 방해하는 손동작이나 슬라이딩은 어느 정도 인정된다. 하지만 나카지마처럼 직접 손으로 수비수를 잡는 것은 비신사적인 행위이다. 그런데 왜 유독 이용규만 두 번이나 부상을 입었을까?

일본은 아직 한국 야구를 무시하고 있다. 베이징올림픽에서 한국이 금메달을 획득했지만 한 수 아래로 보고 있다. 언제든지 마음만 먹으면 이길 수 있는 상대로 생각을 하고 있는 것이다.

대표적인 것이 1회 WBC 때 이치로의 망언이다. 이치로는 "앞으로 30년간 한국이 일본을 이길 생각을 하지 못하게 만들겠다"고 떠벌렸

이치로는 "향후 30년 동안 한국이 일본에 절대 이길 수 없다고 생각하게 해주겠다"라고 말했다.
김인식 감독은 "그 선수는 오늘 공을 잘 던졌다. 야구의 수준은 일본이 한 수 위다"라고 말했다.

다. 이 발언이 한국 선수들의 투혼을 자극했다. 일본은 비록 1회 대회에서 우승했지만 한국에게 적잖은 생채기를 입었다. 그런 그가 이번 대회에서는 자기 팀 선수와도 이야기를 자제할 정도로 신중했다.

이치로의 망언은 없었지만 이번에도 일본은 한국을 얕잡아보고 있었다. 그래서 한국 선수들은 일본과 경기를 할 때는 젖 먹던 힘까지 내면서 무조건 이기겠다는 자세로 경기를 했다. 그 선봉에 이용규가 나섰기 때문에 일본의 표적이 될 수밖에 없었다. 이용규는 "일본은 항상 우리를 바보로 보고 있다. 우리가 이겨도 말도 못하고 조용히 끝내는 팀이라고 생각하는 것 같다. 일본은 항상 잘하고 있다고 생각해서인지 할 말은 다한다. 그래서 일본만은 반드시 이기고 싶었다"고 말했다.

김인식 감독도 인간이다. 이용규가 당한 두 번의 부상에 화가 치밀었을 것이다. 경기 중 비신사적인 행위를 하는 일본 선수들이 얄밉기도 했을 것이다. 그러나 참았다. '위대한 도전'을 완성하기 위해 '뜨거운 가슴이 아니라 냉철한 머리'로 판단한 것이었다.

일본 야구 격언에 감독론에 관한 것이 있다. '상대 팀을 알고 내 팀도 알면 1류 감독, 상대 팀을 알고 내 팀을 모르면 2류 감독, 상대 팀도 내 팀도 모르면 3류 감독, 아무것도 모르면 4류 감독이다.' 그렇다면 너그럽고 겸손하고 승자의 미덕까지 갖춘 김 감독은 어디에 속할까? 결론은 의외로 일본 언론에서 내렸다.

"김인식 감독은 급수를 따질 수 없다."

'자만은 이기면 한 사람의 존경을 받지만 겸손은 져도 모든 이의 존경을 받는다'고 했다. 김 감독은 야구의 본질을 훼손한 팀에게 겸손의 힘이 얼마나 무서운지 보여주었고, 겸손 때문에 전 세계 야구 팬들의 사랑도 한몸에 받았다.

김 감독은 겸손하기도 하지만 항상 배운다는 자세를 가지고 있다. 일본, 멕시코, 베네수엘라 등 상대 팀을 칭찬한 것은 그의 진심이다.

"우리가 이기긴 했지만 멕시코와 베네수엘라는 대단한 팀이야. 그들의 적극성은 배워야 해. 플레이의 무게감도 우리와 다른 면이 있어. 이겼다고 자만하면 안 돼. 한국 야구는 이제부터 시작이야."

모든 사람이 스승이다

김 감독은 배움의 대상에는 경계가 없다고 생각한다. 선배는 물론 후배도 훌륭한 스승이 될 수 있다는 말이다.

김 감독은 선배들에게 넘치는 사랑을 받았다. 지금 고인이 된 배문중 박지완 감독, 강대중 한일은행 감독은 그에게 변치 않는 마음의 스승이다. 오늘의 자신을 있게 한 8할은 두 스승의 몫이라고 자신 있게 말한다. 그리고 김영덕 감독, 김응룡 감독도 지도자의 자질을 가르쳐준 고마운 선배이자 스승이다.

'불치하문(不恥下問)'이란 말이 있다. 아랫사람이나 자기보다 학식이 모자란 사람에게 배우는 것을 부끄럽게 여기지 않는다는 뜻이다. 배우기를 진심으로 좋아하는 사람이라면 자신보다 낮은 사람에게도 기꺼이 물어볼 줄 알아야 한다는 것을 역설적으로 표현한 말이다.

김 감독은 후배에게서도 야구와 인생을 배운다. 쌍방울 감독을 그만두고 야인으로 있을 때였다. 오랜만에 자신과 함께 쌍방울에서 옷을 벗은 코치들과 술자리를 가졌다. 그런데 코치들이 말도 없이 술만 마시고 있었다. 처음에는 그 이유를 몰랐는데 나중에 알고 보니 보스인 김 감독이 나가는 바람에 함께 잘려 생계에 문제가 생긴 것이다. 입에 풀칠도 하기 힘든 상황에 기가 죽어 있던 그들은 그렇다고 보스를 원망할 수도 없었기에 조용히 있을 수밖에 없었다. 1992년

한국 야구를 세계 최강의 반열에 끌어올린 김인식 감독의 이야기는 아직 끝나지 않았다. 자신의 야구를 아직 미완성이라고 부르는 그가 있기 때문이다. '위대한 도전'을 향한 그의 행보에 국민들의 귀와 입이 계속해서 열려 있을 것이다.

말 쌍방울이 재계약을 원했으나 김 감독은 성적 부진의 책임을 지고 재계약을 하지 않았다. 그때 조금만 참았더라면 후배들 먹고사는 데는 지장이 없었을 텐데, 너무 경솔했다는 생각에 김 감독은 깊은 반성을 했다고 한다.

그 시절의 깨달음은 '의리'로 승화됐다. 의리를 지키기 위해서라면 자신이 손해를 입더라도 기꺼이 감수했다. 2003년 두산이 선동열을 감독으로 영입하기로 하고, 김 감독에게 부사장직을 제안했을 때에도 김 감독은 받아들이지 않았다. 어차피 다른 감독이 오면 자기가 데려온 코치들을 보호할 수 없었기 때문이다. 당장은 어렵더라도 다른 팀 감독으로 가면 후배들을 확실하게 챙길 수 있다고 판단했다. 김 감독은 "나를 따르던 후배들이 함께 옷을 벗는 상황에서 혼자 호의호식할 수 없었다"고 말했다.

이처럼 후배들을 가슴으로 안다 보니 김 감독에게 충성을 다하는 코치들이 많다. 대표적인 후배가 유지훤 한화 수석코치다. 유 코치는 쌍방울 시절부터 김 감독을 그림자처럼 보좌해왔다. 유니폼을 벗을 때도, 입을 때도 김 감독과 함께한 의리의 사나이 유지훤은 요즘도 구단이 마련해준 숙소에서 보스(?)와 생활하고 있다.

삼인행필유아사(三人行必有我師). '세 사람이 길을 가면 반드시 그 중에 스승이 있다' 란 뜻으로 공자가 한 말이다. 즉, 모든 사람이 스승이라는 의미다.

김인식은 대한민국 최고의 야구감독이며, 산전수전을 다 겪은 노련한 승부사다. 그래도 그는 여전히 겸손하다. 지금 이 순간에도 그는 모든 이를 스승 삼아 자신의 모자란 부분을 채워나가고 있다. 그는 여전히 배움에 굶주려 있다.